成功の条件

「人」と「お金」と「選択の自由」

永松茂久
Shigehisa Nagamatsu

きずな出版

□どうすれば夢やゴールが見つかるんだろう?
□やりたいことが見つからない
□簡単にセルフイメージを上げるには?
□どんな人を人生の師匠にすればいいのか?
□成功者に直弟子として選ばれる人になるにはどうすればいい?
□お金に対するメンタルブロックを外したい
□もっと収入を上げたい
□いい人が集まってくるには?
□憧れられる人になりたい
□本を書いたり講演をして、人を導いていく人になりたい
□「人」と「お金」と「選択の自由」が欲しい

こんな思いを持っている人に向けて、本書を書いた。

成功したい？　そりゃ簡単だよ。
自分の目指す山の頂上に登ったことがある人に、
登り方を聞けばいいいんだよ。

これはあなたの未来の物語。　成功を贈る。

プロローグ――成功とは何か？

「いまのままじゃ、いつまでたってもうまくいかないよ。君の失敗は僕が保証する」

まるで崖っぷちに追い詰められた気分に僕はなった。

あと少し足を下げると、その先は断崖絶壁。

――「うまくいかない」「失敗を保証する」――

その成功者の言葉が、頭の中でリフレインしながら、僕はほんのわずかなプライドで反論した。

「いや、がんばればお金はあとからついてくるって、信じてます！」

しかし、その勢い虚《むな》しく、僕の思いはズバッと一刀両断された。

「君にはっきりと言っておく。残念だけど、事業を始めた創業期はお金と人間性はリンクしな

い。人間性だけいくら磨いても、お金はあとからついてこないよ。

まず必要なのは、『どうやったら具体的に自分の手元にお金が入ってくるのか？』をちゃんと考えることだ。そこを無視して心ばかり磨いたって、残念な結果になるだけだよ。最近多いんだよな、君みたいなタイプ」

人間というのは、自分が信じ込んでいることのまったく逆を言われると、怒りでもなく、残念感でもなく、何か不思議な喪失感に見舞われる。体の中から、エネルギーがスーッと抜き取られていくような気分に、僕は包まれていた。

「『人としてのあり方を磨くことこそ、成功の近道』と、ずっとセミナーや本で教えられてきたことは、一体何だったんだろう。僕の目の前にいるこの人は何を言っているんだろう」

そんなことを客観的に考えながら、僕はその成功者の話を聞いていた。

◆

「あのね、君の周りの同年代で、君よりお金を稼いでいる人って何人くらいいる？　知り合いじゃなくてもいいよ。できれば知り合いがいいけど」

　頭の中で、自分より稼いでいる知り合いの数をカウントするだけでも、片手では足りない。どちらかというと、いけ好かないやつらの顔が思い浮かんで、数えることだけでもストレスになった。

「結構たくさんいます」

「そうか。じゃあ質問。その人たちは君より人間性が優《すぐ》れていると思う?」

「いえ、この際ですから言わせてもらいますけど、そこは負ける気がしません。彼らの中には周りからめちゃくちゃ嫌われてる人もいますし。彼らより僕はずっと、人間としてのあり方を追求してきましたから」

　思い切ってその成功者に言ってみた。僕のその答えに腕を組んで、深くうなずきながら、その人はこう言った。結果、その返答のおかげで僕は崖から転げ落ちた。

「そうか。君は一生懸命、人間性を磨いたんだよね。でもその人たちにいまの時点で業績で負けてるんだよね。そう考えると、お金を稼ぐことと人間性を磨くことはまったく別のことって、自分で証明してるってことになるよね」

くやしかった。出会ったばかりの人に、たとえそれが成功者だったとしても、たとえ自分から面会を頼んだとしても、そこまで言われるとは思っていなかった。

僕の状況だって考えてくれてもいいじゃないか。一生懸命やってきたことを、そこまで否定しなくてもいいじゃないか。

心の中でそう叫んではいたものの、実際にはぐうの音も出ない僕にその成功者はこう言った。

「人間性を磨くことはもちろん大事。だけどね、お金を稼ぐのは、それとはまったく別の話だよ。お金を手にするのは、お金を稼ぐことに対しての焦点をしっかりと定めている人なんだよ。だいたい、ありがちな成功法則にハマる人は、お金と人間性をリンクさせすぎるきらいがある。ここは分けて考えないと、『心でっかち』な人ばかりが増えちゃうんだよ」

「心でっかち？」

「うん、そう。心でっかち。心を磨くことばかりに偏《かたよ》って、お金を無視する人。『人生はお金じゃない』、『お金は悪だ』って、一生懸命稼いでる人のことを内心羨《うらや》みながら、永遠にお金を手にすることなく残念な人生を送る人のことだよ。ねえ、君にとっての成功って何？」

いったん崖から落ちたが、あくまでそれは空想の話。ゲームをリセットするように、僕はまだ崖っぷちに都合よく残っていた。

「正直漠然《ばくぜん》としてます。成功に対する価値観って、人によって様々ですから」

「うん、そうかもしれない。でも、たとえば僕が君に、『絶対成功させてやる』って約束したら、どんな気分になる？」

正直ワクワクした。その成功者が言葉の中で差し出してくれた腕に、しがみつきたい気分になった。けどすぐに「イエス」とは言いたくなかった。

その感情が顔に出たのか、僕の心の奥を読んだのかはわからないが、成功者は微笑みながら言った。

「価値観が多様化したとかみんな言うけど、本当は誰もが、心の底に共通した成功に対するイメージってものを持ってるんだよ。成功が欲しいかい？」

心の中を見透かされても、僕にはまだ、ほんの少しの意地と我《が》が残っていた。

「かっこつけるな、意地をはるな、言え、『欲しいです』って！　チャンスはそんなに待ってくれないぞ」

と、心の中のもう1人の自分がそう叫びまくっていたが、「欲しい」とはまだ言わなかった。

葛藤している僕に、その目の前の人はこう教えてくれた。

「成功とは、『人とお金と選択の自由を手に入れること』だよ。この3つをバランスよく自分のものにすること。それが僕の思う成功だ」

その言葉で、頭の中から、いや、体全体から「成功」に対する欲が湧《わ》き出て、話に引き込まれていく僕がいた。

僕の人生を大きく変えてくれることになる、その成功者とのストーリーは、こうして始まった。

◆

僕は早田勇貴《はやたゆうき》。28歳独身。1年前、27歳の春、5年のサラリーマン生活を終え独立した。最初の仕事は通販会社のオペレーターを2年、そして残りの3年が研修会社の営業マン。

独立のきっかけは、その研修会社で開催された、とある著者の出版記念講演だった。テーマは「起業のすすめ」。

皮肉なものだ。主催した講演会で、一番感動し、一番影響を受けたのが、誰でもなくその主催会社の社員だったのだから。

独立の旨を研修会社の社長に伝えると、社長は頭を抱え込んでいた。

とりわけ何がしたかったというわけでもなかった。しかし、その講演を聞いて、「起業家」という、新しく商売を始める人を少し変形させてかっこよく言ったその響きに、魅せられたのだった。

幸いまだ独身ということもあり、思い切って起業家の道を歩くことに決めた。選んだ仕事は「コーチング」。

勤めていた研修会社で先輩たちのコーチングを見ていたので、なんとかなるという軽い気持ちと、周りでも流行っているからという簡単な理由で、この仕事を選んで僕は独立したのだ。

経営者になった仲間を皮切りとして、ビジネスを始めたい学生、本が好きなクリーニング屋のおじさんなどを集めて、月に2回の対面コーチング。それと別に、ワークショップを開くなど、営業努力はしてきた。

「月額3万円で、24時間いつでもスカイプで相談に乗ります」

これが、僕の提示できる最高の値段であり、サービスだった。スカイプを使って自宅でもできる仕事なので、経費はあまりかからないが、正直、所得はサラリーマン時代より下がっていた。学生の頃からの貯金も、気持ちいいくらい、日に日に目減りしていった。

それでも誠意が伝われば、必ず口コミで広がっていくと信じてがんばってきた。SNSで広告も出した。価格もほかよりはずっと安いから、間違いなくヒットするはずと信じていたのだが、予想に反して一度無料体験に来た人たちも、なぜか次につながらなかった。

こうして、とりあえず人脈という人脈をかき集めた10人前後のクライアントは、自然消滅に近いかたちで減っていった。ひどい人になると、「最近忙しくてワークショップに行けなくてさ」から始まり、最後は着信拒否されてしまうこともあった。何が間違っているのかがまったくわからなかった。

当たり前だがクライアントが減ると所得は少なくなる。サラリーマンのように、最低保障などない。起業して1年足らずで、すでにお先真っ暗になっていた。そんなとき、フェイスブックでたまたま目にしたのが、その成功者のセミナーだった。

その人の書いた本は何冊か読んだことがあったので、その存在は知っていた。「よくあるセミナーだな」と広告を一度はスルーしたが、どうしても気になってはいた。場所は新橋と並ぶビジネスパーソンの聖地・東京の浜松町。セミナーのテーマは、

「成功実業家が、これからの若手起業家に伝えたい7つの大切なこと」

正直、「7つの」「3つの」とか、数字が入るセミナーや本は、呆《あき》れるほど目にしてきた。仕掛け側の意図も、人よりは理解しているつもりだった。研修会社の営業だから、当たり前のことだ。ではなぜ？

決め手になったのは、主催者がつくったその広告のキャッチコピーだった。「こんな人に向けて話します」という項目が、「僕のことを知って言ってるんですか？」と聞きたくなるくらい、どハマりだったのだ。

「これから起業すると決めたものの実際に何からやっていいのかわからない人、起業はしたが、日に日にお客さんと所得が減っていく人、商品はあるものの集客に困っている人へ。本当の成功の方法を教えます。いまならまだ必ず間に合います。あきらめるのはこの人の話を聞いてからにしてください」

という、その主催会社のメッセージがどうしても心に残ったのだ。とどめは体験者の声。そこに動画で出てきたおねえさんが、かわいかったことも大きかった。

スマホのスクリーンショットでそのページを保存し、期日2日前に申し込んだ。

それが前述した成功者であり、後に僕の師匠になる松本大輔《まつもとだいすけ》さんとの出会いだった。

正直、セミナーの内容は、普通と言えば普通。登壇した松本さんは、自分の話をほぼすることなく、1時間半の尺の中で、起業家に必要なポイントを淡々と話した。

ただ1つだけ、よくある講師と違う点があった。それは、内容がどちらかというとリアルで生々しかったということだった。

「うんうん、あるある」と何度も思わずうなずいてメモを取ってしまう、不思議な魅力を持っていた。研修会社時代の社長の教えで、

「人の話を聞くときは、とにかく音声を録《と》れ！」

と言われていたのだが、その日の主催会社の再三の警告により、音声の録音、撮影は禁止だったのが残念だった。

「ところでこの人は一体、何をやっている人なんだろう？」

当たり前のように、素朴な疑問が湧いてきた。便利な時代だ。少々の実業家クラスなら、ネットで検索すればその人の情報が簡単に手に入る。

以前その成功者の本は読んだことがあったのだが、経歴まではよく覚えていなかったので、あ

らためてセミナーの途中で検索すると、そのとんでもない経歴に、僕は心を奪われた。

松本大輔。（株）アンサーグループ代表取締役。現在45歳。28歳の頃、働いていたバーのマスターにその才能を見込まれ、経営を引き継ぐ。卓越したトークと経営手腕で、その後、飲食店をまたたく間に8店舗に増やし、各店舗に経営者を立て、創業のバー以外をすべて彼らに売却。

２００７年秋、それまでの実業の経験を活かし、次世代の経営者を育成すべくセミナー会社「（株）リーダーズフォーラム」を設立。翌年の２００８年春、出版プロデュース＆著者ブランディング会社「（株）センチュリー出版」、セミナー講師・講演家育成の「（株）スポットライト」を設立。２００９年、すべての会社をホールディングスにする。松本オリジナルの人脈コミュニティー「銀座松本交流会」も主宰している。

近年は自身の執筆、講演にも力を入れ、本は１５０万部突破、講演には毎回平均５００人を超える圧倒的な集客を誇る。最近は自分の原点である銀座のバー「アンサー」にて、たくさんの悩める人たちをコーチングしている。趣味は読書と釣り。

「なんだこりゃ？　めちゃくちゃな成功者じゃないか」

僕はこの経歴にびっくりしながらも、自分とその人との天文学的な距離を感じた。

それと同時に、自分の経歴をまったく話さないその不思議な経営者に、引き込まれていく自分を感じた。あらかじめ手元に置かれた講演のチラシにもその経歴は載っていない。

ただ一言書いてあるのは、

「成功したい人、集まれ！　詳しくはリーダーズフォーラムホームページにて。ＵＲＬ……」

だけ。「すごいのか怪《あや》しいのかまったくわからないな」などと考えているうちに、講演は終盤に差し掛かっていた。

◆

その講師、松本さんが伝えたい７つの大切なこと。最後の項目は、

「山の頂上に、いち早く登りたいなら、その山に登ったことがある人に道を聞け」

というものだった。

「成功するために一番大切なこと。それは成功者に成功の方法を聞くことです」

あまりに淡々と話したため、周りにいる聴講者たちの中で、一体何人がそのポイントを重く捉えたのかはわからないが、僕にとってはその言葉は深く胸に刺さった。

「行動を開始するのは未来ではなく、いま。それができるかどうかで人生は変わります。ありがとうございました」

大きな拍手を浴びながら松本さんは降壇した。主催者挨拶のあと、会場のアナウンスで、「お手元にあるアンケート用紙に……」という声が聞こえたが、いてもたってもいられなくなった僕は、まるでそのあとに予定があって急いで帰らなければいけない聴講者のふりをして、会場の外に出た。

「いましかない」

なぜかそう思ったのだ。いた！　会場脇の通路で主催者に挨拶しながら会場を出る松本さんに、思い切って声をかけた。無心だった。

「松本社長！」

「お、一生懸命聞いていてくれてた子だね。上から見えてたよ。今日はありがとう」

そう言って握手をしてくれた。うれしかったが、それ以上に、緊張で僕の心臓は爆発寸前。勇貴、がんばれ。落ち着け。軽い深呼吸をして、いつもより大きめに声を出してみた。

「あの、僕、コーチをやっている早田勇貴と申します。以前、松本社長の本を読んだのと、たまたまネットで見つけたことがきっかけで、参加させていただきました。今日は素晴らしいお話ありがとうございました。あの、あのー」

「……？　どうしたの？」

松本さんは壇上にいたときと同じスマイルで、僕をじっと見ていた。えーい、ままよ。考えずに呼びとめたけど、心のままに言ってみよう。

「あの、松本社長の最後の教えに感動しました。『山の頂上に、いち早く登りたいなら、その山に登ったことがある人に道を聞け』って言われて、いますぐ動かなきゃと思ったので、社長に声をかけさせていただきました。えっと、社長にはどのようにすれば、今後お会いできますでしょうか？」

シーン。松本さんは僕の目をじっと見た。一瞬ではあったけど、その空白が、僕には長く長く感じられた。

「早田くんだっけ？　今日の予定は？」

思わぬ返事。このセミナーのためだけに来たから、当然そのあとの予定は決まっていない。

その旨を松本さんに伝えた。

「聞いてすぐに実践。うん、合格。お茶でも行こうか」

なんと言ったらいいのか、感動というにはそれすら安っぽい、思わず、「うわー！」とガッツポーズして叫びたくなるような衝動に駆《か》られながら、僕は松本さんの後ろにくっついて、都会の喧騒《けんそう》の中をさっそうと歩いていった。セミナーが開催されたビジネスパーソンの聖地、東京タワーのふもと近くにある、浜松町のカフェで松本さんとお茶をすることになった。

そこで僕のビジネスの経歴と現状を話したあとに言われたこと。

それが冒頭の言葉、

「いまのままじゃ、いつまでたってもうまくいかないよ。君の失敗は僕が保証する」

だったのだ。

成功の条件　目次

第2章　あなたの目的地はどこですか？

第3章　成功の原点

第4章　セルフイメージ

第5章　弟子の流儀

第6章　「そのままでいいんだよ」症候群

第7章　自分を幸せにできない人は、人を幸せにできない

若いうちに身につけておくべき大切なこと
誰に言うかをはっきりさせる
誰がために鐘は鳴る？
なぜマスターのコーチングは厳しいのか？
光と影が交差する時代に
絶対に避けられない「3つの苦」

第8章　時代が求めるスターとステージメーカー

先代マスターの教え
外見は内面の一番外側
ステージメーカー

最終章　成功の条件
～これからゴールを目指して歩き始める人たちへ～

成功の条件――「人」と「お金」と「選択の自由」

おもな登場人物

早田勇貴……………コーチングの事業を営む28歳。この物語の主人公。
松本大輔……………複数の会社を経営し、書籍も多数執筆する45歳の成功者。
大倉亮………………株式会社センチュリー出版の社長。
秋本マナ……………松本大輔と大倉亮の友人。元女優。
先代のマスター……松本大輔の師匠。
美咲…………………先代マスターの妻。

第1章
なぜ従来の成功法則で成功できないのか？

根本的な間違い

18時、浜松町のカフェ。外は心地よい風が吹く、オープンテラスのドアが全開になる季節。たくさんの人が行き交《か》う通りに面して、いろんなお客さんたちが、お茶を飲みながら座っている。

僕たちが座っているのはオープンテラスに一番近い店内の席。とてもいいシチュエーションにもかかわらず、店内で一番気持ちが落ち込んでいるのは、おそらく僕だったと思う。

「どうしてですか？　なんで失敗するって保証できるんですか？」

「完全に方法が間違っているからだよ。やり方も考え方も、失敗に向けて突っ走ってるようにしか思えない」

「……具体的にどこがですか？」

「あのさ、早田くん。先に言っとくけど、僕は本当のことしか言わないよ。でもあくまで一意見だから、必要ないならこれ以上話すのは無意味だ」

あとになって振り返ると、松本さんが言っていたことがよくわかるのだが、このときは必死で抵抗した。いくら自分みたいな小さい人間だって、それまで信じてきたことがあるし、意地もある。

静かにコーヒーを飲みながら、淡々と僕の考え方をぶち壊していく目の前の成功者に対して、久しぶりに悪い意味で心が熱くなっていた。先ほどまで全開だった謙虚さなんか、どこかに吹き飛んでいた。

あー、いいよ。その一意見を聞いてやるよ。

さすがにそこまでは口に出さなかったが、アドバイスを聞かずに失敗するのもいやだ。少し心を落ち着けるために深呼吸した。

「お願いします」

「本当に聞く準備できてるの？　これを言うと、僕、結構若者に嫌われちゃうんだよ。でも綺麗事ばっかり言って、あとの責任を取らない無責任な大人にはなりたくないしな」

「聞く準備はできてます！　お願いします」

熱くなってあんまり覚えていないが、気持ち的には相当上から目線でお願いしたと思う。

セミナージプシー

「僕、かなり変なことを言うよ」

「はい。覚悟はできてます」

「早田くん、いつもどんな本を読んでる？」

「えっとおもに、成功者の書いた自伝だったり、メンタル系の本、起業に関する本だったり……。いずれにしても、ビジネス本はかなり読んでます」

「そうか。わかった。読んでいる本で、その人の志向がだいたいわかるから聞いてみた。ビジネスで成功するための自己啓発書がメインだと思ったらいいよね」

「はい。まとめるとそうかもしれません」

「自己啓発、大事だよね。絶対に大事。でもそれだけじゃ犠牲者になっちゃうよ」

「犠牲者？」

「うん。成功者のセミナーを渡り歩くだけの存在。学ぶだけで安心しちゃって日常で実践しないから、いつまでたっても結果がついてこない。結果が出ないから当然次の講師を見つけてまたハマる。成功に憧れはするけど永遠にその成功者のようにはなれない。

その講師に飽きたら、またその次を探すというサイクルを繰り返しながら、心のどこかで『楽をして成功する方法』を探し続ける。毎回参加して安心はするけど現実の生活は何も変わらない。そのセミナーのモチベーションは長く保って3日で下がって、また次のセミナーを探す。お金ばかり注ぎ込んで、結果的に手元に何も残らないどころか、友達まで失っちゃう人のこと」

きた。さっそく批判かい。確かにそういう人はいるよね。はいはい、次は？　そんな不遜《ふそん》な心で松本さんの話を聞いた。

「おそらく、どの講師もこう言う。『人の役に立ちなさい』って」

「そこは共通して言われます。それが間違いですか？」

「ううん。正しい。まったく間違ってない」

ほら見ろ。何が悪いんだ？　僕の心は反発したり、肯定されて安心したりの振り子のようになっていた。

「間違うのは受け取る側。『人の役に立つ』の解釈を間違うんだよ」

「どういうことですか？」

「だいたいにおいて、ビジネスをしていても格安に値段を下げたり、ひどい人になると、無料で相手に商品を提供したりするのを、人の役に立つことだと勘違いしちゃうんだよ」

グサッ。きた。僕。はい、それ僕。

防具をつけていないところに、パンチを打ち込まれた感覚だった。

「それって勘違いですか？」

「まあ、値段を下げるというのは、戦略的に百歩ゆずって有りだとして、まったくの計画なしに相手に無料で商品を配るなんて、すでにビジネスじゃないよ。そしてね、相手に施《ほどこ》したあとに、『自分はいいことをした』っていう、幻想の利他感に浸《ひた》る。でもそれが相手にとってまったく役に立たないとも知らずに」

このときの僕は、松本さんの言っている意味の深さがわからなかった。おいおい、いきなりお金の話かよ。そんな気分で聞いていた。

お金は悪者？

「お金の話か？　って思ってるね」

ピンポンピンポンピンポン♪。はい、正解。あなたはエスパーですか？　そんな感情が顔に出ないように気をつけていた。

「いえ、そんなことはないですけど。続きをお願いします」

「顔に出やすいタイプだね。まあいいや。早田くん、ここに2つの選択肢がある。1つはお金を稼ぐ道、そしてもう1つは心を磨く道。君はまだ創業期だよね。いまの時点でどっちを選択する？」

「心を磨く道を行きます」

「そこが間違いの始まりなんだよ。成功する人間は、まず最初にお金を稼ぐ道のほうを選ぶ」

「え？」

お金を選ぶ？　まじか？　そっち？　だんだん頭が真っ白になってきた。

「たぶん君はこう思っている。『がんばればお金はあとからついてくる』『心を磨いて人を大切にすれば、自動的にお金は入ってくるようになる』って。違うかな」

「思ってます。そこを信じて、がんばってきましたから」

「残念だけど、それじゃお金はついてこない。そもそも大切なお金に『ついてこい』なんて考え方自体が舐《な》めてるんだよ。そんな人はお金のほうから嫌われる。早田くんの中で、お金は汚いものだっていう思い込みが凝《こ》り固まってるんだよ」

松本さんの話は、たたみ掛けるように続いた。

水が嫌いな魚くん

「あのね、いまわざと極端なことを質問したんだよ。そして予想通り君は『心』だって即答した。よくこの質問をするんだけど、最近の20代の若者は、圧倒的にそっちの答えを選ぶケースが多い。**お金を稼ぐことは汚いと思ってる反面、じつはほとんどの人は心の底ではお金が欲しいんだよ。必要としてるの。これって矛盾だよね。まるで魚が水を嫌ってるような図式だよ。水の中で住んでるのにもかかわらず**」

「でもすべての人が、そんなに『お金お金』じゃないと思いますけど」

「うん。確かにそうかもしれない。日本人っていうのは、どっちかというとお金は悪だっていう暗示にかかっているから。この話は本当に難しいんだよ。『成功者なのにお金の話をすんのかよ！』って思われがちになっちゃうんだよ。やっぱやめようかな」

いや、ここからが大事なとこでしょ。続きを聞かせてよ。そう思っている自分がいた。

松本さんの話はいまの僕には極端に聞こえるけど、するどいところをついているような気がした。水を馬鹿にする魚。そういうたとえはとてもわかりやすくてツボにハマる。僕は例を出す講師の話は大好きだった。

「続きをお願いします」

「うん。わかった。せっかくの縁だから話そう。質問。早田くんはズバリ、お金は好き？」

「まあ、嫌いじゃないですけど、一番大切なものではないことだけは確かです。人に比べると欲がないって言われます」

「だよね。心の道と即答するもんね。じゃあ次の質問。宝くじは買う？」

「はい。毎年……」

あ！　言っちゃった。間違えた。

「お金、欲しいんじゃん」

松本さんは笑った。僕は逃げ出したい気分になった。

「それでいいんだよ。宝くじは僕も買うし。あれは結局、効率よく税金を納めてるようなものだから」

敵に情けをかけられている武士のような気分になった。時代が時代ならハラキリものだ。

「ここは大切なところだから、自分の考えをおいて、一旦僕の話を素直に聞いてほしい。あのね、お金が好きだろうが嫌いだろうが、ビジネスってとにかくお金がかかるんだよ。必要なの。新幹線で移動するのも、ホテルに泊まるのも、テナントを借りるのも、すべてお金がかかる。

でもここで矛盾が生まれる。『お金が好き』って言ったら、人から守銭奴《しゅせんど》と思われるかもしれない。なんとなくカッコ悪い。人を大切にするのはとてもいいことだけど、それでお金を請求すると、『あ、それが目当てだったのね』と言われるのも嫌だ。この矛盾で戦っちゃう。

そんなときに『人生はお金じゃない。心だ！』って成功者に言われちゃうと、『そうだ！　心

があれば、お金なんかあとからついてくるんだ』って信じちゃう。こうして心を磨くことに偏ることが、結果的にその人にとってのいい逃げ道になっちゃうんだよ」

「あの、松本社長」

「ん？　どうした？」

「グサグサきまくって、きついです」

思わず言ってしまった。それくらい松本さんの言うことは僕に刺さっていた。

「そうか。じゃあここらへんでやめとく？」

「いいえ、ちょっとトイレに行ってきていいですか？」

「いいよ。行っておいで」

トイレに行きたかったわけじゃない。でも一旦心を落ち着けたかった。洗面所で顔を洗い、鏡に映る自分の顔に声をかける。

「勇貴。負けるな。がんばれ！」

そう気合いを入れて席に着いた。気合いを入れないと、自分が壊れてしまいそうだったから。

成功者の真実

「でもさ、心を磨く世界ってほんと難しいよね。発信者もそうだけど、受け取る側も解釈によっては毒にも薬にもなる。自分が発信側の立場になって、しみじみ思うよ」

洗面所から戻ると、さっきより静かに遠くを見ながら松本さんは話し始めた。

「早田くん、大丈夫か？」

「はい、話を途中で切っちゃって、すみません」

「大丈夫。始めよう。きついかもしれないけど、聞いてみてくれよな」

「よろしくお願いします」

軽いブレイクタイムを入れたことで、僕だけでなく、松本さんも落ち着いたのだろうか、スローな感じでカフェ講義が再び始まった。

「学ぶことって本当に大切。でも学び方はもっと大切。本題に入る前に覚えておいてもらいたいことがあるから話すね」

「はい」

「またびっくりさせちゃうけどね、成功してる人って、事業で成功してるだけで、それが必ずしも、今度は若い人たちを成功させられるかどうかは、わからないんだよ」

「すみません。ちょっと理解ができませんでした。えーっと、成功者が次の人を成功、えっとえっと……」

「わかった。もうちょっと具体的に話そう。成功者の話ってね、一部の天才をのぞいて、伝え方を間違ってしまうケースが多いんだよ」

「そうなんですか？」

「残念ながらそう。あのね、たとえばある社長がいる。事業は大成功。山あり谷ありだったけど、それを乗り越えて成功者と呼ばれるようになった。当然だけど、経験も知識も、そして人間性も積み上げられてるわけだ」

「はい、そういう人だからメッセンジャーに選ばれるんですよね」

「うん。そう。でも大切なのはここから。苦労して高みに上ると、あんまり本当のことが言えなくなっちゃう。たとえば創業の頃にやった無茶な話とか、こそっと使った反則技とか。リアルなことを言いすぎると、苦い顔をする人もいるし、下手をすると会社のイメージダウンにもなりかねない。そして周りは『講演する人は間違いなくすごい人』って勝手に思い込んじゃってるから、その期待も壊せない。見本になることを求められるんだよ」

「そうかもしれませんね」

「だから『いいことを言わなきゃ』って、力んじゃうケースが多い。

それに対してコンサルとかは、伝えるプロだよね。だから話はわかりやすいんだけど、イマイチ実践に基づいた迫力に欠けることがある。だから、講演や本は、実業家のほうが声がかかるケースが多かったんだよ。最近は流れが少し変わってるけど」

さすが講師育成会社や出版プロデュース会社を経営しているだけあって、松本さんは現実的なことも詳しい。少しだけ業界の裏側を覗《のぞ》けたような気がしてうれしくなった。

「だからね、発信って難しいんだよ。そしてね、本だったり講演のステージって不思議な力があるから、読むほう、聞くほうは『すごい人が言うことだから間違いない』っていう暗示にかかっちゃうんだ。でも人間は完璧じゃない。著者だって講師だって、その分野に入ったばかりのときは、成功と失敗を繰り返すんだよ。だって最初は慣れてないんだから」

「そう説明していただけるとわかります」

あるある成功物語

「でもね、ここで考えてみてほしい。発信するほうは、たいがいお金を稼いでる人がほとんど。でも受信側はこれからだよね」

「はい。ほとんどがそうだと思いますし、だから学ぶんだと思います」

「本も講演もそうなんだけど、『波乱があるほうがおもしろい』っていう特徴を持ってるんだよ。簡単にまとめると、たとえばこんな感じ」

演者

「私は創業時、お金を稼ぐことしか考えていませんでした。同業他社を力づくで押しのけ、業者を子分のように扱い、社員はまるで奴隷そのもの。『給料払ってるんだから働いて当たり前』と思っていました。

時代の流れにうまく乗れたおかげで、数年間はかなり儲かっていました。そのときの私は完全に天狗《てんぐ》状態でした。

しかし、いいことばかりは続きませんでした。とある商品の製造ミスで会社にとって致命的な事件が起きてピンチになったとき、それまで私の周りに集まってきていた人は、蜘蛛《くも》の子を散らすようにほとんどがいなくなってしまいました。

残ってくれたのはわずかな社員たち。でも彼らが言ってくれました。『社長、がんばりましょう！　僕たちが支えますから』。この言葉で、私にとって何が大切なのかがわかりました。

会社は社会に貢献するためにある。会社は働いてくれるスタッフ、支えてくれる業者さんの幸福のためにあるということを。そこから私はがんばりました。社員たちと一丸となってがんばりました。（中略）

そして気がつきました。

この世で一番大切なものは人なんだと！　人の笑顔なんだと！

ですから若い皆さん、お金ばかりを追いかけるのではなく、大切な人の笑顔を追いかけてください。天は見ています。そういう人には必ずお金がついてきます。

この世の最高の宝は人。人が財産なんです。人を大切にして成功してください。ご静聴ありがとうございました！（大拍手）」

「……ってなストーリーが一般的。そして聞く人が涙を流すっていうね」

「松本社長、いまの流れだけで僕、めっちゃ感動しちゃいました」

「うん。感動する感性は絶対に大事だよ。でも現実的にはここからがもっと大切。しっかりと自分にチューニングしないと大変なことになる」

「どういうことですか？」

「あのね、この演者、つまり社長は、周りを大切にしなかったんだけど、お金は稼いでたんだよね」

「あ、そうでしたっけ」

「ほら、もうそこ抜けてるでしょ。まあいいや、人は『自分の好きなこと、都合がいいことしか心に残らない』ようになってるから。そしてとどめは最後。『お金はあとからついてくる』『追いかけるのは笑顔』。なんとも響きのいい芸術的な言葉だよね。そしてこれは一点の間違いもないように聞こえるから、なおさら厄介だ」

「間違いないじゃないですか、正しいと思います」

「そう。正しい。その社長クラスの人にとってはね」

「クラスですか？」

「うん。これ本当にいい話なんだけど、その人は結局成功者だよね？　きつい時期もあったんだけど、いまは困らないくらいのお金を持ってるんだよね？」

「はい、たぶん」

「でも聞いてる人たちは、これから稼がなきゃいけないんだよね？」

「はい」

「このね、成功者が成功したあとだから言えることってところがミソなんだよ。でもあまりにも感動しすぎると、聞いてるほうは、自分の現状がどこかに吹っ飛んでいっちゃうわけだ。

そして、その演者の言う通りに『大切な人の笑顔を追いかける』という行動を始める。これに元来日本人が持ったお金に対する罪悪感が手伝って、『お金を追いかけるのは悪だ、やっぱり人を喜ばせることに人生を使おう』って決まる。取り組み方が極端になる人が多いんだよ。

たとえば突然会社を辞めてみたり、働くことをやめてボランティア一本になったり、その講師にどっぷりハマって追っかけになっちゃったり。その成功者と自分との違いを意識して、いまの自分の範囲でできることをしっかりと把握して行動しないと、大変なことになる」

僕は感動していた。

ここまで人の心理と傾向を知っている、この松本大輔という1人の成功者に猛烈に引き込まれていた。最初の怒りなんか宇宙の彼方に飛んでいってチリになっていた。

自分のいまの立ち位置をしっかりと把握する

「あのね、ビジネスとか会社には、社会貢献っていう使命はたしかにあるよ。でもその前にお金っているんだよ。社長も好き好んで『お金だー』って言ってるわけじゃないかもしれない。業績を上げて社員の給料を上げたいから言ってるのかもしれないよね。

でも、『お金は悪いものだ』ってなっちゃった人にとっては、そんな社長の動機や目的はどうでもいい。そうやって極端にふれちゃうと、人間は周りの状況が読めなくなっちゃうんだよ。

そうなると、本人はいいかもしれないけど、親とか家族はびっくりするし困るよね。『何が不満なんだ、もっとお金を貯めてからでも遅くはないだろ』って泣いてとめても、『俺は将来よりいまやりたいことを大切にするんだ！』ってなったら、もう手のつけようがなくなっちゃう。笑い話に聞こえるかもしれないけど、こういうケースは結構あるんだよ。

コーチングをしてると、そういった暴走に巻き込まれた家族が、『どうしたらとめられますでしょうか』って悩んで、助けを求めてくる相談も少なくないよ。長くなっちゃったけど、それが犠牲者を生む構図なんだよ」

「あの、松本社長、僕まったく笑えませんし、他人事とは思えません」

「純粋でいい人ほど、発信者の言うことや世界観をうのみにしちゃうんだよ。だから発信って綺麗なことばかりも言ってちゃいけないんだよ。そして聞く側も『いまの自分の立ち位置で必要なこと』をしっかりとジャッジしないといけない」

松本さんはまるで自分を戒《いまし》めるようにそう言った。

気がつくと時計の針は19時を回っていた。

第2章
あなたの目的地はどこですか？

あなたはどんな人間になりたい？

カフェのあと、松本さんと僕は六本木の焼肉屋にいた。

当たり前だけど、やっぱり一流店といわれる店は、一品一品の価格が僕がふだん通う店とはまったく違う。それに加えて、僕たちが座った対角線上では、テレビで見たことのあるアナウンサーが打ち合わせをしながら焼肉を食べていた。そんなところもやっぱり一流だなと思いながら、僕は一生懸命にその空間に慣れようとしていた。

しかし、その真新しい空間よりも、先ほどのカフェでの強烈な話の内容で、僕は頭がいっぱいだった。その気持ちが顔に出ていたのか、松本さんは先ほどよりも少し優しめに、僕に話しかけてくれた。

「早田くん、苦手なものはある？」

「いいえ、焼肉は大好きですけど、見たことのないメニューが並んでるんで」

「わかった。それじゃ注文は僕にまかせて」

「ありがとうございます」

「すみません。いいですか」

松本さんは、ウェイターを呼びとめて注文をした。選び方、スタッフに対する対応もスマートで慣れたものだと、僕はいちいち松本さんを観察していた。

ビールが運ばれてきた。いつも飲み慣れているでかいジョッキではなく、タンブラーに注《そそ》がれてきた。さすが高級店。これで780円。僕がいつも飲んでいる居酒屋よりも、300円は高い。

松本さんと僕は乾杯した。先輩に対する乾杯は年下である僕のグラスを下に。常識だ。

「早田くん、質問していいかな？」

「はい。あ、でもお手柔らかにお願いします」

ふふっと笑いながら、松本さんは僕にこう聞いてきた。

「早田くんはどんな人間になりたいの？」

「どんな人間と言いますと？」

「そうだね。ちょっと質問が漠然としてたかな。うん、じゃあビジネスのゴールは？」

「ゴールですか。えーっと」

松本さんは優しく聞いてくれはしたが、不用意に答えるとまた爆弾が飛んできそうだ。僕は一生懸命正解を探したが、正直目の前のことにいっぱいいっぱいで、ゴールとか目標とかはどこかに忘れてしまっていた。僕はまた答えに詰まってしまった。

成功者の学び方

「あまり考える余裕なくやってきたかな？　目の前のことに一生懸命だった？」

さすがはエスパー。

「……はい。おっしゃる通りです。すみません」

「いやいや、大丈夫だよ」

「あ、松本社長はバーでコーチングされてるって聞きましたが、どんなコーチングをされてるんですか？」

今度は僕が聞いてみた。言葉を逃したくない。メモの準備。

「あ、すみません。メモを取らせてもらってもいいですか？」

「いいよ。でもさ、せっかくご飯食べに来てるから、音声にしたら？」

思わぬ返事が返ってきた。

「え、いいんですか？　さっき録音・撮影は禁止って言われたので」

「あー、あれね。今日はうちの主催じゃなくて、僕は呼ばれた立場だからそうしたけど、本当は講演って、いろいろなものに行くより、好きな人の話を繰り返し聞いたほうがいいんだよね。

僕も若い頃、師匠の話を音声で録らせてもらって、何度も聞き返してた。バーの仕事をやってると、座ってじっと本を読む時間ってあんまりなかったんだよ。

当時はお金もなかったから、遠くから電車を乗り継いで仕事場まで通ったんだけど、その音声を耳で繰り返し聞きながら、自分のものにしてきた。先輩にはやってもらったのに、自分はあとに来る人間にはさせないって、なんか違和感あってね」

すごい。なんて気前がいいんだ。僕はスマホのボイスメモを準備した。

「よろしくお願いします」

音声を録るクセをつけよう

それを見ながら松本さんは言った。

「いい時代になったよな」

「え？　時代ですか？」

「うん。僕が20代の前半の頃は、録音式のカセットテープが主流でね。話を聞くときにそれを使ってたんだよ。でも、話にのめり込むと、テープをひっくり返すのを忘れちゃったり、オートリバースにすると、自動でひっくり返るから最初のほうに上書きしちゃったりがあってね。でもそのあとＩＣレコーダーが出てきて便利になった。いまはスマホでしょ。本当に便利だ」

「そうなんですね。確かに便利です」

「あ、余談だったね。始めようか」

「はい」

「まずね、一番初めに『今日の日付』と『誰とどこにいるのか』を吹き込んで」

「え？」

「こうするの。貸して」

松本さんは僕のスマホを手にとって口に近づけ、こう言った。

「えーっと、『今日は2015年4月30日。六本木の焼肉屋で松本社長と一緒です。よろしくお願いします』。はい。常にこれからスタートする習慣を身につけるといい。そうすれば音声のスタートからどこで話したかをすぐに思い出せるから」

「なるほどー」

そりゃそうだ。音声もどんどん積み重なってたまっていく。名前をつけて保存すればもっといいけど、忘れることもある。そんなとき、話し始めにこの日付とシチュエーションを入れておけば、あとで聞き返すときに便利だ。やはり、この目の前の成功者は本物だ。指導のすべてが理にかなっている。

「ただね、それには1つ約束事がある。決してだまって録音したらダメだよ。話す側にきちっと了解を取ってからね。じゃないと相手に失礼だし、単なる盗聴になるから。録ってるってわからないもののほうが、本音を聞けて生々しそうだけど、そうした許可も取らずにそんなこと

をやるのはビジネス以前に人間として失格だ。これだけはちゃんと約束してくれるかい？」

「はい、約束します」

こうして録音しながらのコーチングが始まった。お先真っ暗の駆け出しコーチが、本物のコーチからコーチングを受ける。面白い絵だ。

成功ナビゲーションシステム

焼肉を食べながら、松本さんのコーチングが始まった。どんな高級店でもやっぱり焼肉にはビール。この相性は最高だ。いい感じに僕も気持ちよくなってきた。松本さんも少しだけ顔が赤くなってきていた。

「早田くん、もう一度聞くけどゴールは見えてる？」

「いえ、正直そこまでは見えてません。やっぱりゴールって大切ですかね？　以前の職場では、『とにかく目の前のことを一生懸命やれ』と教えられてきたので、あまり深く考えたことはありませんでした」

ビールを軽く飲んで、松本さんは言った。

「それはあながち間違いじゃないよ。ゴールがあろうがなかろうが、目の前にあることに全力で取り組むことは絶対に必須条件だからね」

「ですよね」

「駆け出しのサラリーマン時代はそれでもいい。でもね、君はコーチングトレーナーだよね。ある意味相手にとってはリーダーというか、成功への案内役としていなければいけない立場だよね。コーチングをするときは、自分をナビだと思えばいいんだよ。俺はそう思ってる」

いつの間にか松本さんは、「僕」から「俺」に変わっていた。松本さんが「素」になってきたことに、少しだけ距離が近づいた気がして、うれしかった。

「ナビって、あの車のナビですか？」

「うん。そう。だってさ、車を運転するのはクライアントでしょ。昔は地図を見るか、標識頼りに勘で行くか、もしくは近所のコンビニとかに寄って道を聞くかしかなかった。でもいまは便利だよ。行き先を入力すれば、それだけで音声ガイドが始まっちゃうんだから。

俺ね、いろんな事業をやっていくうちに、たくさんの若い人たちが集まってきてくれるよう

になった。彼らにはやる気はある。でも唯一持っていないのは、そこにたどり着くためのナビ、もしくは地図なんだよ。だから俺はその子たちにとってのナビゲーションシステムになろうって決めたんだよ。

講演だと、どうしてもカバーしきれない部分がある。それは、『その人のゴールに合わせた話をする』ってこと。講演ってたくさんの人が来るだろ。そして、人によってゴールが違うんだよな。だからどうしても抽象的な話で終わらなきゃいけなくなるんだよ」

「なるほど、だからパーソナルのマンツーマンコーチングにシフトされてるんですね。確かに人によって目的地って違いますもんね」

「うん。これは本当に百人百様なんだよね。だから講演に来てくれた人たちに個別コーチングの案内を出してるんだ」

それが今日講演のときに配られていた「成功したい人、集まれ！」だったのか。あのチラシの意味がわかった。

僕はそのチラシをカバンから取り出してもう1回見直した。しかし、少しチラシに対しての疑問があったので、そのことを松本さんに聞いてみた。

「松本社長、あの、このチラシを見て、少し気になるところがあるんですけど」

「え？　どこ？」

「あの、これキャッチコピーは強烈なんですが、どちらかというと情報が少なくて少し不親切なような気がするんです。載ってるのはＵＲＬだけですよね。これだと反応率が少なくないですか？」

「あー、そこね」

ナビを熱く説明するために前傾姿勢になっていた松本さんは、背もたれに座り直し、一息ついてこう言った。

「それ、わざとそうしてるの」

「わざとですか？　それはまた何でですか？」

本気になれば、人は自分から行動し始める

「あのさ、これは俺の個人的見解なんだけど、最近の教育システムって、スタートから甘やか

しすぎてるような気がするんだよ」

松本さんは、少し厳しめな表情で静かに言った。本当にいろんな表情を持っている人だ。

「まず学びのスタートって講演だったり、本だったり、そこについているチラシや案内だったりするよね。最近はＳＮＳもそれに入るけどね。でもさ、いくら煽《あお》っても受け身の人間って、結局成功できないいんだよ」

「受け身ですか」

「うん。チャンスをボーッと待っているだけだと絶対に成功できない。とくに独立したあとは、仕事って自分から探しにいかないと受注できないよね。自分で動かないと、いつまでたっても宝って手に入らないいんだよ。

甘やかしたって結局本人の役には立たないから」

直接僕のことを言われたわけではないが、かすかに胸が痛かった。

「いま、うちの会社のコーチやコンサル業は行列をして待ってくれる人ができた。けっしてその料金も安いものじゃない。わざと安く設定してないから。

本気ならば探してでもお金を払ってでも来る人は来るんだよ。俺、そうしてクライアントの本気度を試験してる。だからそのチラシ」

深い。しかも理にかなっている。自分の目から鱗《うろこ》が落ちていく音が聞こえ始めた。

「人の人生と向き合うって大変なことなんだよ。だから学ぶ側も本気で俺のところに来てほしいんだよ。情報の密度も、講演で話すこととは全然違う。その人にとって必要なナビゲーションができる。だから俺、講演より、コーチとかコンサルのほうが向いてるみたいだって、気がついたんだよ。だからマンツーマンのパーソナル指導に力を入れ始めたんだ」

ゴールが見えない……

雑談を交えながら松本さんとの時間は過ぎていった。お酒も入って普段しないような身の上話や独立してからの悩みもたくさん聞いてもらった。

松本さんは僕に言った。

「なるほどね。大体の流れはわかった。早田くんのマインドはさっきと少し変わってきたようだ。自分で何が足りないかわかる？」

「？」

「いままでの話の中でだよ。最初に俺がなんて質問をしたか思い出してみて」

「……ゴール、ですか？」

「うん、そこ！　あのね、君はクライアントにとってのナビゲーションコーチングをするわけだよね。車に乗って、いや、車に乗る前にまず絶対にやるべきことは、『どこに行くかを設定する』ことだよね」

「はい。そう言われるとそうですね。当たり前すぎて、あんまり考えないですけど」

「ゴールを設定しないと単なるドライブだよ。まあゆっくりと景色を楽しむのもいいけど、ビジネスにおいてはそれじゃ無駄が多くなりすぎるよね」

　確かにそうだ。しかし、僕の世代はどちらかというと、日本の不景気の時代に幼少期を過ごした。だから「ゴール」と一言で言われても、あまりピンとこないし、「目的地はどこですか？」と聞かれると、もっと迷路にはまる。

「目の前のことをしっかりやれ」と言われるほうが、かえって楽なくらいだった。その旨を松本さんに話した。

「そうだよな。かろうじて俺たちアラフォー世代までは、ゴールを追っかけてる景気のいい大人たちを見て育ったもんな。そんな大人が減った中で生まれ育った君たちの世代に、確かに『ゴール』は縁遠いかもな」

「はい」

「そっか。まずはここからだな。まだ時間はあるかい？　俺がやってる店に移動しようか」

「はい、ぜひ！」


時間というのは本当に不思議だ。苦手なことや、たいくつな作業をしなければいけない時間は長く長く感じてしまうが、大好きな人と過ごす時間、学びに没頭できる時間はあっという間に過ぎる。

気がつけば時計は21時を回っていた。

「次はいつ会えるんだろう？」

そんなことを考えていると、「このあとは？」という思わぬ質問が来たので、テンションが上がった。当然僕は朝まででも大丈夫だ。

松本さんと僕は、松本さんの店に移動するためにタクシーに乗り込んだ。

第3章
成功の原点

頂点の集う街・銀座

六本木から東京タワーのふもとを通り過ぎ、大通りを左折。そのまま直進して新橋を過ぎると、だんだん街が華やかになっていく。

高級ブランドの「これでもか」というような店づくりのビルが立ち並ぶ街、銀座。百貨店、高級ショップの本店。そして飲み屋のネオンが所狭しと街を埋め尽くしている。仕事で銀座を通過することはあったものの、とりわけその街で何かをする用事は、それまでの僕にはなかった。

わかっていることは、銀座は超一流、あらゆる世界の頂点と呼ばれる人たちが集まる、日本一のブランドタウンということだけだった。

「銀座7丁目」と呼ばれる交差点で降りて、大通りから始まる小道を通って1本内側の通りに向かった。

この通りは「すずらん通り」と呼ばれているらしい。そのすずらん通りの少し古びたビルの6階に松本さんの店はあった。昭和風のエレベーターで6階に上がると、降りてすぐのオークウッドを基調としたシンプルなドアに「会員制バー　アンサー」と書いてあった。

「ここだよ。俺の店」

「なんか緊張します」

「あはは。そんなに肩に力入れなくてもいいよ」

ドアを開けて中に入ると、「いらっしゃいませ、あ、マスターお疲れ様です」と、凛《りん》とした感じの女性バーテンダーの声がした。店内の雰囲気は思ったより近代的だったが、つくりはシンプルだった。

カウンター8席で、ボックス席が1つ。そしてその端には1つだけ個室がある。店内には、ほかの人の声が気にならない程度の音楽が流れている。

とりわけ目立った個性はないが、落ち着いた感じのいいお店だ。客は2組。男性の1人客ともう1組は女性の2人づれだった。

信じられない料金システム

僕は松本さんに、カウンターの端の席に案内された。

「ごめん、少しここで飲んでて。俺はちょっと裏に入ってくるから。あ、ちょうどいいや、さっき聞いたゴールについて考えてみて。ノートかパソコンに書いてみるといいかもしれない」

「わかりました。ざっとでいいでしょうか」

「うん。それで大丈夫」

僕が座ったのと逆側の端の席には、50代前半くらいだろうか、スーツを着た男性が、カウンターの中にいる男性スタッフと、何やら深刻に話している。

「いらっしゃいませ。ご注文は？」

女性バーテンダーがメニューを出してきた。静かではあるが、けっして感じが悪いわけではない。控えめではあるが、微笑みもある。よく見ると顔立ちは飛び抜けた美人と言っていい、都会感の漂《ただよ》う綺麗な人だ。いきなりだがドキッとした。どこかで顔を見たことがあるような気がしたが、それは僕の気のせいだろう。

「あ、ビールください」

「かしこまりました」

頼んだあとに暇つぶしにメニューをパラパラと見た。メニュー数は思ったほど多くない。カクテルはあまり聞いたことがない銘柄が15品ほど、ウイスキーでいえば、マッカラン、バランタイン17年、響、などの名門が並ぶ。

最後に、

「ご注文に応じておつくりします」

とだけ書いてある、ぶっきらぼうなメニューだ。

出されたビールを飲んでいると、その女性バーテンダーがもう1つのメニューを出してきた。

「こちらもご覧ください。これが当店のシステムになっております」

「？」

少し格式の高い革張りのメニュー帳。

なんだろうと思いながら開けてみると、その中身に僕は目が飛び出しそうになった。

【身の上・人間関係】	1時間5万円
【ビジネス】	1時間10万円
【サクセス】	2時間15万円
初回に限り時間無制限	3万円
飲み物会計別途	

びっくりする僕をよそに、何事もないかのように女性バーテンダーは淡々と作業をこなす。

「なんだ、こりゃ？　銀座のバーにはこんなシステムがあるのか？」

急に自分の財布の中身が心配になってきた。

初回のメニューは3万円＋飲み物ということになる。

クレジットカードがあるからなんとかなるだろうと思ったものの、目の前のビールがとてつもなく高級なものに思えてきた。

目が飛び出るお会計

「しまった。ほとんど飲んじゃった。こりゃおかわりだな」

そう思いながら恐る恐るメニューに書いてあったカクテル「カミカゼ」を注文した。うん。次はゆっくり飲もう。そうして飲むこと15分。逆側の席に座っていた男性が席を立って、目の前にいるスタッフに握手をしながら大きな声で言った。

「ありがとうございます。先が見えてきました！」

その声だけはＢＧＭの音量を超え、離れて座っていた僕にも聞こえた。女性バーテンダーがその男性の会計をした。

「5万8000円です」

「???　5万8000円?」

僕は思わず声が出そうになりながらも、そのやり取りを見ていた。財布は誰もが知っているブランドの高級財布。スーツや持っている鞄も見たところ、どうやらただのサラリーマンではなさそうだ。

すると、カウンターから続く厨房の奥から松本さんが出てきた。

「あの、僕ここに座っていたらいいでしょうか」

「あ、ちょっと待っててね。ありがとうございます」

と松本さんはそのスーツの男性を送りに行き、3分ほどして戻ってきた。

「ごめんね、お待たせ。席を移動しようか。カウンターの中にいるとまた捕まっちゃいそうだから」

「あ、はい」

「ごめん。今日は俺、彼と話すから、メニュー予約なしでお願い。挨拶には出るから」

松本さんが、女性バーテンダーにそう声をかけると、すぐさま「かしこまりました」と返事が返ってきた。阿吽《あうん》の呼吸とはこういうものなのだろう。

僕は個室に案内された。

さあ、ゴールを見つけよう

「あの、ゴールを具体的に見つける方法ってあるんでしょうか？」

「うん、あるよ。じゃあ始めようか」

「あ、音声はいいでしょうか？」

「そうだったね。準備して」

さっきの焼肉屋では、ご飯を食べながらだったからやらなかったが、ここからはお酒だけ。メモを同時に取ろうと決めていた。スマホの音声録音をセットして、日付と場所を吹き込んで準備完了。

「よろしくお願いします」

「いくらかはゴールについて考えてみたかい？」

松本さんは僕に聞いた。一応返事をして、僕は松本さんを待っている間にまとめた、自分なりのゴールを書いたパソコンの画面を見せた。

松本さんは「うんうん。なるほどね」と口に出しながら眺めていた。

「すみません、さっきから一生懸命考えてみたんですけど、はっきりとしたゴールが見つかりませんでした」

僕は、いまの自分の現状を正直に話した。批判するでもなく、難しい顔をするでもなく、松本さんは黙ってうなずきながら画面を見ていた。

そして一通り見たあと、松本さんが思わぬ返答をした。

「うん。見つからないのはわかってた」

「え？」

「これはね、早田くんだけじゃないんだよ。いまどきで言えば普通のこと。でもね、最初はそこからでいいんだよ。むしろ誰かが言っている夢やゴールを借りてきて、その架空なものを追いかけるよりよっぽどいい。大切なのは、『自分の目指すゴールはどこなのか？』を考えること。それだけで大きく意識は変わっていくから」

少しだけ安心した。そうか、普通なのか。いや、でも普通で終わるのはいやだ。少しでも何かをつかみたくて、松本さんのところに来たんだから。

自分だけの夢は何ですか？

「なるほどね。具体的にはっきりとわからない理由もわかったよ」

パソコンの画面を見ながら松本さんがそう続けた。

「どんなことですか？」

「綺麗すぎる。本当の欲求にフォーカスできてないんだよ」

「綺麗……ですか？」

「うん。それと漠然としすぎてるんだよな。抽象的というか」

パソコンを置いて松本さんは話し始めた。

「たとえば一番初めに書いてるこれね。『関わったすべての人を幸せにする』ってやつ」

「あの、一応、本心なんですけど」

「うん。わかってる。だけどね、これじゃあゴールの輪郭《りんかく》は見えてこないな。早田くん、あのね、ゴールって君の本当の欲求であり、行き着きたいことだよね。これは、叶ったときの周りの結果なんだよ。俺が言ってるのは、もっと野心的なことだよ」

「野心？」

「っていうとなんかきついかな。簡単に言うと、『これが叶っちゃったら自分自身がうれしい』っていうゴール。野望とでも言おうか」

「人も巻き込んでうれしいというゴールじゃなくてですか？」

「うん。それはあと。まず先に決めるのは、自分だけのゴールでいい」

はっきりとは言えないが、なんだか松本さんの言うことに違和感を覚えた。普通は誰かと一緒に喜べるゴールを設定すべきじゃないのかと。思い切ってそのことを伝えてみた。すると松本さんはこう答えた。

「うん。確かにそれは絶対に大事。でもね、それには段階があるから、もうちょっとあとで話すよ。まずは自分だけのゴール」

「いまは無理なんですか？」

「うん。いまはまだ無理。家を建てるのだって、1階から建てるだろ？　順番があるし、あとでわかるから、まず自分だけのゴールを考えてみて。もっと君の深いところ。

いまの君の答えって、成功や自己啓発を学んできた人に多い答えだよな。でもこれじゃあ臨場感がないし、人間の欲求としてもハイレベルなところに行きすぎてるんだよ」

不真面目な感情から逃げない

「確かに、人を笑顔にするとか幸せにするっていう君の想いは綺麗で美しい。間違ってない。でも、あくまでいまは自分のためだけのゴール設定の話をしてるから、ちゃんと聞いてくれ。君は真面目だから、そういうゴールが好きだろう。大事にすればいい。でも、このゴール設定の作業は本当の自分の感情を、嫌になるくらい見つめ直すことが大切なんだよ」

「本当の感情ですか？」

「うん。本当の自分。自分の中の不真面目な部分。ない？」

「わかりません」

「あのね、人間って一皮むけば不真面目な部分ってたくさんあるんだよ。そしてね、その感情ってある意味、本当の意味で成功するまでは、人を幸せにしたいっていう感情よりエネルギーが強いんだよ。たとえば恋愛とかお金とか」

「少しだけわかるような気がします」

「いいかい、これはあくまで、いまの君に必要なワークなの。もしいま、魔法使いが現れて、『あなたの望みを叶えます。願いは無制限』って言ったらどうする？　考えてみて」

「魔法使いですか？」

「うん、魔法使い。あ、いいや。これは俺がいたらやりにくいだろうから、自分で考えてノートに書いて。俺はそのノート絶対に見ないから。約束する。それでも不安なら、書いたあと、そのページをやぶってバッグに入れておきな。そして自分の机の引き出しにしまって、鍵をかけておけばいい」

「考えてみます。本当に何でもいいんですか？　実現不可能でも書いていいんですか？」

「だから魔法使いがいるんだって」

「あ、そうでした」

「もうすでにそこで制限ができてるんだよ。いい？　好き放題書いていいから」

松本さんはそう言い残して、また挨拶をするために、新しく来たお客さんの席に向かった。

東京が一望できる高級マンションに住む。
人が振り返るような美女と結婚する。
天才コーチになる。
何千人もの前で講演をする。
頭を下げなくても、向こうから仕事がどんどんやってくる……

僕の中で可能な限りわがままに書いた。不思議なものだ。慣れてくると、ゆっくりとゴールを書くその速度が上がってきた。

なんだか自分が万能の神になった気分に浸ってきた。

どうしよう、にやけちゃう。

僕は、ある程度書いて、2杯目のカミカゼを飲みながら、それを眺めていた。

松本さんの言葉通り、書けば書くほどやりたいことの輪郭が見えてき始めた。なるほど、これが本当のコーチングというものなのかと思った。

時間とお金を一番かけてきたものは何ですか？

ゴールか。ところで、何をしてそこまでたどり着けばいいんだろう。松本さんが再び呼ばれて、ホールに出ている間に、僕はノートとにらめっこしていた。

ゴールを設定する理由はいくらかわかってきたものの、どうやってここにたどり着くのかということが見えてこなかった。

15分ほど考えたその頃、松本さんが戻ってきたので聞いてみた。

「早田くん、どうした？」

「あの、ゴール設定の理由はわかりました。お金を稼ぎたいとか、自由でいたいという状態も見えてきました。でも実際、本当に自分が何をやりたいのか、具体的に何を通してそこまでたどり着くのかが、まだ、はっきりわからないんです」

いくら考えてもわからなかったので、僕は松本さんに正直に言った。

「そうか。なるほどなー」

腕を組んで考えたあと、松本さんが少し前かがみになってこう聞いてきた。

「早田くん、いままでどんなことに時間とお金をかけてきた？　趣味でも仕事でもいいから考えてみて」

「時間とお金ですか？　えっと、何でもいいですか？」

「うん、挙げてみて」

「前職が研修の営業という仕事だったので、実際にセミナーには多く参加しました」

「時間はそこだよね。じゃあお金は？　趣味ってある？」

「趣味は、いろんなところに旅行に行くことですかね。あ、でもそれはいつも行けるわけではないので、趣味とまでは言えないかもしれません」

「休みの日はどこに行くことが多い？　映画？　食べ物屋めぐり？」

うーん、映画も新作があればたまに観には行く程度だし、食べ物屋はどっちかというと、新店より、行きつけの店に通うことのほうが多い。

「何かないかな？　早田くんは本は読む？」

そう聞かれてピンときた。１人でいるときは書店に通うことが一番多いことを思い出した。

「いままで一番お金をかけたものは、本かもしれません」

「そうじゃないかな、と思ってたんだよ。だったらいつか本の著者になることとかもゴールに入れておくといいかもね」

「僕が本を書くってことですか？」

「うん、そうだよ。読む側から書く側にまわるってのもよくない？」

あまりにも簡単に松本さんが言ったので、少し拍子抜けしたが、「本を書く」というチャンスがもし僕に少しでもあるのなら、それは絶対に書いてみたい。

自分の中で眠っていた感情が、ふつふつと湧いてきた。

独立してうまくいく人、いかない人

「いままで、セミナーと、そして本に時間とお金をかけてきたんだよね。偶然だけど、仕事を通してコーチもやってる。持っていき方によってはうまくいくコースだ」

「なんで時間とお金なんですか？」

「あのね、人って労力をかけたことを仕事にすると、うまくいくことが多いんだよ。だから時間とお金の使い道を聞くことにしてる」

「そうなんですか」

「いや、もちろん百発百中じゃないよ。でもね、君がなんとか食べることができてるのは、いままでやってきた仕事の延長線上を選んで独立したからかもしれない」

あまり深く考えたことはなかったが、僕が以前いた研修会社には、2つのコースがあった。1つは大人数を集めてやる研修、そしてもう1つがマンツーマンコンサル&マンツーマンコーチング。

見よう見まねで始めてはみたものの、もしかして、何の縁もなくコーチングを始めたとしたら、結果はまったく違ったものになっていたかもしれない。

そして、母親からぼやかれるくらい、僕の部屋には本があふれていた。確実に言えることは、本とセミナーに多大な時間とお金をかけてきたことだ。

「独立するときにね、まったく違うことを始める人って多いんだよ。たとえば建設会社に行ってた人が、ネット通販を始めたり、公務員やってた人がいきなり飲食店を始めたり」

「それってうまくいかないんですか？」

「いや、もちろん全部じゃないよ。たまたま才能があってうまくいくケースもあるけど、往々《おうおう》にして失敗のほうが多いよ。

だから独立相談のときは、絶対に始める前に、半年でも1年でもいいから、自分が目指す業種をすでにやっているところで修業することをすすめる。

でもね、最初からゴール設定ができていれば、人生の大切な時間を別の業種に使う必要はなくなるよね。最初から自分のやりたいことのために時間を使うことができる。最低で3年もその業種を見てればやり方はわかるはずだし、戦略も立てやすい。何よりも実際にその仕事の訓練をお金をもらいながらできるんだから、こんなに効率のいいことはないよね」

「確かにおっしゃる通りです。ゴール設定は早くできれば、それに越したことはないんですね。本を書くですかー。まったくそれは考えたことはありませんでした。そもそもそんなチャンスがある実感もありませんし」

「俺のやってる会社の1つ、何だか覚えてる？」

「あ、あの出版プロデュースの会社ですか？」

「うん、そう。ちょっと待ってて。資料持ってくるから」

そう言って松本さんはまた席を立った。

「センチュリー出版」

松本さんが持ってきたのは、1冊のパンフレットというか小冊子のようなものだった。表紙に印刷されていたのは、「本を書いてベストセラーにする方法」。本を書いたことのない僕でもワクワクするような、ストレートなタイトルだった。

表紙をめくって1ページ目にあったのは、自分の書いた本を持った笑顔の女性の写真だった。

「あれ？　この人って……」

「うん。そこにいるよ」

その写真の人がバーの中にいる。先ほどから店を回しているあの女性バーテンダーだった。

「なんであの人がここで働いてるんですか？　しかもよく見てみると、あの人の顔が載った本を見たことがあります！」

「あ、言ってなかったけど、この店の隣、センチュリー出版のスタジオなんだ。で、彼女はバーを手伝ってくれてるけど、センチュリー出版がプロデュースしてる著者でもある」

あとで聞いてわかったことだが、このバーの隣には、スナックを改装した10坪ほどの事務所があって、そこで数人の若い人たちが仕事をしている。アンサーの隣にある事務所がセンチュリー出版の所在地だったのだ。

いちいちびっくりさせる人だなと思いながら、聞いてみた。

「あの、センチュリー出版って本を出してるんですか？」

「まあ、出しているといえば出してるんだけど、正確に言えば、制作まで。あとは本を書く人のブランディングコンサルをしてる」

「ブランディングコンサルとは？」

「少し脱線するけど説明しようか」

「お願いします」

「本って普通は出版社の人がつくるよね」

「はい」

「出版社ってのは、大きく分けて編集部と営業部で成り立ってんの。マーケティング部門を持

ってる会社もあるけど、この業界ではそこに注目している会社はまだあんまり多くない。そして、当然だけど、売れっ子著者は、ほかの出版社からのオファーも多くなるから競争率が高い」

なるほど、だから同じ著者でもいろんな出版社から本を出しているのか。

著者メーカー

「だからね、俺たちがやってるのは、新しい著者を見つけて、出版社に紹介することが第一の仕事ってことになる」

「発掘ですか」

「そう。本当はそれも出版社の仕事なんだけど、社員たちは本の編集や書店への営業で忙しい。みんなそれぞれ企画を持って動いてるから、そこまで手が回らないことだってあるんだよ」

初めて聞く真新しい世界の話に、僕は聞き入っていた。もちろん興味もある。

「じゃあ面白い著者を発見したとする。でも実績のない初めての著者の本を出すってのは、出版社からしても大冒険だよね」

「はい。そうなりますね」

「そのリスクを抑え、売れる確率を上げていくためには、どうしたらいいかわかる？」

「いい本をつくる方法を教えることですか？」

「うーん、外れてはいないけど、それはまだあとの話だな。もうちょっと前を考えて。出版社は、どんな人の本を出したいと思うかな？」

「売れる見込みのある人ですか？」

「その通り。だって本も売れないと困っちゃうからね」

「えっと、その前にやることといえば、本を出す前にファンをつくることですか？」

「正解。勘がいいね。じゃあそのファンってどうやってつくる？」

「そこまではちょっと……」

「だよね。だからうちの会社の仕事がそこで必要となる。『どうやったらファンができるのか？』。ここのマーケティングがブランディングコンサルっていう仕事になる」

「その方法とは？」

「そこは完全に脱線しちゃうから、また必要になったら話そう。わかった？　この会社の仕事

はまず著者の卵を見つけて、そしてブランディングすることがメイン。そして出版社に紹介するの。たとえて言えば、卵のまま売りに出すんじゃなくて、卵を孵《ふ》化《か》させてヒヨコにして、ニワトリにする。そしてその状態で市場に出すんだよ。質のいいニワトリはいくらでも卵を産むから効率がいい。いい著者ならば、本を出し続けることができるからね」

「そうなんですね。まるで著者メーカー」

「そう。それだけじゃなくて、今度は本が出るときに、うちのリストでお知らせをする」

「リスト？」

「うん。たとえばメルマガだったり、SNSだったり。そのアドレスをセンチュリー出版で保管してる。これはうちにとって一番の財産なんだよ。

ほかにも書店営業を手伝ったり、イベントのプロデュースをしたり、出版したい人の登竜門になるようなイベントを仕掛けたり……まあ、出版社が制作だったとしたら、ほかの手間になることを一手に引き受けてる」

「あの、いま取引してるクライアントってどれくらいあるんですか？」

「うーん。出版社は30社くらいで、本を出したい人は20人ぐらい待機してるかな。まあ、この部門に関してはまた話すとして、こんな感じの出版プロデュースもやってるんだよ」

「社長もセンチュリー出版から本を出してるんですか？」

「うん、最近はね。でも、もともとは自分が著者としてやってるときに、出版社の人の悩みを聞いていて、このビジネスモデルを思いついて会社にしたんだよ」

「すごい」

「ううん、まったくすごくないよ。仕事って人の問題の部分に生まれるから」

「問題ですか？」

「うん。問題の裏にビジネスの需要があるんだよ。人って生きていると、いろんな問題にぶち当たる。そのときに問題解決の方法を提示することで、そこに需要が生まれる。

たとえばゴキブリの出現に困っている人が多いから、殺虫剤が生まれた。

痩《や》せたいのに痩せられないって困っている人がいるから、健康器具が生まれた。

トイレの臭いに困っている人がいるから、トイレの芳香剤が生まれた。

人が困っているところはどこにあるのか、そしてどうやったら解決できるのかを追求すれば、そこにビジネスが生まれるんだよ」

「言うのは簡単ですけど、見つけるのは大変ですよね」

「最初はね。でもこれは訓練だ。『人って何に困ってるんだろう？』っていつも観察する習慣を持つと、意外とあっさり見つかるようになるよ」

また松本さんは簡単に言った。

その道のプロの懐《ふところ》に飛び込め

本の出版。正直そんなことを考えたことはなかったが、僕はそのゴールがどんどん近づいてきているように感じていた。「センチュリー出版で働いてみたかったな」なんて考えている自分もいた。

「あの女性バーテンダーの人って、出版とバーと両方やってるんですか？」

「あいつの場合は両方やるというより、来た人の悩みを聞きながら、次の本のネタを探すために、ここに来てるんだよ。ここにはそのチャンスが集まるから。まあ、こっちとしても手伝ってくれるから助かるし」

「全部が合理的ですね」

「ビジネスって、いかにロスを削減するかも大切だから」

表のバーでネタ探し。隣の事務所で出版の企画。まったく関係のない出版とバーが、こう考えると思いっきりリンクしてくるから不思議だ。

「そう聞いていると、出版も遠くない世界に感じてきました」

僕が言うと、松本さんはその言葉を汲《く》み取って、こう続けた。

「そう。あのね、結論を言おう。今日の講演の最後の大切なことを覚えてる？」

「はい、『登ったことがある人に道を聞け』でした」

「うん、よく覚えてるね。これは本もそうなんだよ。実際に本を出したい人ってたくさんいる。そしてね、すばらしいコンテンツを持っている人もたくさんいるんだよ。でもその人たちが持っていないのは、本を書いている人、本をつくっている人とのパイプなんだよ。

本を書くっていうゴールを持っているなら、その環境に飛び込んでいくことが一番近道なんだよ。言いたいのはここ。医者になりたいなら、医者にその方法を聞くことが早道だし、建設業をしたいなら、その道のうまくいっている人や、大工さんに話を聞くのが早い」

「されている事業を見て、社長の今日の言葉の意味がもっと深く理解できました」

「ゴールはそうやって近づいていくものなんだよ。もし、本当に本を書きたくなったら、いずれ社長を紹介するから、相談してみればいい。

彼が社長をやってるけど、一応オーナーは俺だから、オーナーからの紹介なら親切に聞いてくれると思うよ。大事なのは『誰から紹介されるか』だからね」

確かにそうだ。飛び込みで行くより、そこに関係のある人の紹介で行くほうが、成功確率は上がる。ここも大きなポイントだ。

「さて、ゴールの話に戻そう」

成功のアンテナを立てよう

本を書きたいという思いが、僕の中で湧き上がってきていた。それを察知したのか、松本さんは僕に言った。

「本を書きたくなった？」

「はい」

「じゃあね、それを1つのゴールにしよう。ワクワクするものの中に、進む道が見つかることって多いから。ちなみに早田くん、車は持ってる？」

「いえ、持ってません」

「欲しい車はある？」

「まだ到底手は出ませんけど、いつかは乗りたいという車があります」

「そうか、じゃあちょうどいいや。その車が欲しいと思うようになってから、それと同じタイプの車を目にする機会が増えなかった？」

あるある。不思議なくらい。その車はそんなに台数が多いものではないが、欲しいと思ってからというもの、やたらと目につくようになった。その話をした。

「人間の心ってそうなってるんだよ。ゴールを決めると、そのゴールにたどり着くために必要なものが目につくようになるの」

「アンテナが立つんですかね？」

「そう。その通り。ゴール設定の一番大切なポイントは、『成功のアンテナを立てる』ってことなんだ。ゴールを設定するよね。そして毎日そのゴールの達成イメージを繰り返し見ることによって、自分の中にアンテナが立ち始める。

するといままでスルーしていた大切なことが自分のアンテナに引っかかってくるようになる。そうなると、ゴールに向かってのナビゲーションが作動し始める。このアンテナが立たないと、周りの人がどれだけ成功のポイントを教えてくれたとしても、猫に小判、豚に真珠状態になっちゃうんだよ」

ゴール設定が8割

松本さんは、たたみ掛けるように話し続けた。その熱が僕にも伝わってくる。一生懸命うなずきながら、僕はメモを取った。

「人間の脳ってすごいよ。ゴールを設定することによって、頭の中で人生を変える偉大な質問が投げかけられる。『どうすれば僕はゴールに到達できるのか？』ってね。

すると、そのアンテナが必要情報をキャッチし始める。だからゴール設定をするかどうかで大きく人生が変わるんだよ。

そして、ゴール設定ができれば、コーチングの8割は終了。あとの2割はナビゲーションに従って運転するだけ。それで夢は叶う。

やっとここまでたどり着いたね。最後に1杯ずつ飲もう」

そう言って、松本さんは赤ワインとカミカゼを頼んだ。

「よく集中力を切らさずに聞いたね。がんばった」

「そんな、こちらこそ、本当にありがとうございます。おかげさまで前が見えてきました。この数時間が夢みたいでした」

「そうか、よかった。早田くん、このあとのゴールデンウィークの予定は？」

「とくに何も入っていません。あ、5月3日に仲間と集まるくらいです」

「どこに住んでるの？」

「目黒の不動前です」

「そうか。じゃあ、そんなに遠くはないな」

「はい」

「じゃあ、また明日おいで。昼間はちょっと予定が詰まってるから、時間が取れそうにないんだ。俺が指定する場所に行って、せっかくだから今日の話を聞き返しながら、自分のゴールのストーリーを書いてみるといい。

今日はガンガン話したから、おそらく繰り返し聞くと、さらに深まったり、新しい気づきがあると思うから。お疲れさん。君の新しい未来に乾杯しよう。最後の1杯は俺からのおごりだ」

松本さんと乾杯して、少しだけ世間話をしたあと、僕はアンサーを出た。会計はビールとカミカゼ3杯、そして初回料金の3万円に消費税を足して、4万円弱だった。

でも、僕はそんな金額では到底追いつかないくらいの教えをもらった。

ふだんの僕なら、1人で払う約4万円という金額はとても高いものだけど、その日の支払いは、「こんなに安くていいのかな？」と思うくらいだった。

口コミで人が集まるわけだ。そんなことを考えながら、夜の銀座の街を1人で歩いた。

1つだけ不思議な課題を出された。それは、

「松本さんに指定された一流ホテルのラウンジで、今日の話のポイントをまとめながら、未来のストーリーを書く」

ということだった。

なぜその場所なのかはわからなかったが、次の日、パソコンを持ってそのホテルに向かうことにした。

第4章
セルフイメージ

なぜ一流ホテルなのか？

松本さんと出会って2日目の午後、僕は指定された汐留《しおどめ》のホテルのラウンジにいた。

さすが一流ホテル。コーヒー1杯の単価も一流だ。僕のいつも通う喫茶店の、3倍以上はする。

周りはどう見てもセレブか外国人だらけ。一流ホテルに私服はなんだろうから、スーツにクールビズのスタイルで行った。不思議だ。外見がすべてではないが、それっぽい格好をすると、心までそれっぽくなる。

僕はそのラウンジで、昨日録音したレコーダーの音声をイヤホンで聞きながら、もう一度昨日のポイントをパソコンにまとめた。音声を繰り返し聞くと、「あれ、昨日ここを聞き落としてたな」という部分にたくさん出会う。

反復の効果は松本さんから散々聞いたが、ただ教えてもらうのと、実際に聞くこととの間には大きな隔《へだ》たりがある。やっぱりやらなきゃわからない。

しかし、僕は三日坊主だ。先に「明日、これをやっておいで」と指定されることで、やらざるをえなくなる。僕には、そうして管理してくれる指導者が必要なことを、あらためて感じていた。

こうしてポイントを整理しながら1回音声を聞いたあと、本題の自分のゴールへの物語を思いのままに書いてみた。松本さんと出会う前の日まではまったく見えなかったものが、色がつくくらい鮮明に書けるようになっていた。しかも楽しい。こんなゴールにたどり着いた自分の姿を見てみたい。

僕の好奇心は「ゴールを達成した未来の自分」に向けられていた。

周りと自分は何が違う？

数時間が経った。ある程度課題は終わったので、また音声の2回目に入りながら、周りを見渡した。僕はそのラウンジの人間模様を観察していた。どう見てもふだん、僕の周りにない光景だ。

高そうなスーツに身を包んだビジネスマン。綺麗に着飾った女性。そしてポロシャツを着たお金持ち風の外国人。

こうした人たちは、一体何をやって稼いでいるのだろう。おそらく松本さんのように、1億円プレイヤー、いや、資産でいうと、もっと桁《けた》外れな人もいるはず。

同じ人間のはずなのに、レベルが違いすぎる。その違いは何なのか？

そう考えながら、僕はあるものの存在を思い出した。松本さんからの指示書だ。

「ワークが終わったらラウンジで開けるように」と、渡された封筒には、1枚の紙が入っていた。その中には3行のメッセージ。

「周りにいるのは君とまったく同じ人間。
彼らと君が違うのはセルフイメージだけ。
大切なのは、学ぶことより慣れること」

と書いてあった。

セルフイメージ。

言葉の意味はわかる。自分の中にある自己像。「自分はどんな人間なのか？」ということだ。セルフイメージの違い。確かにそうかも。この人たちにとって、この場所にいることは当たり前のことなのだろう。でもいまの僕にはかなりの非日常な場所だった。こういうセレブな場所に自分の意思で、自分のお金で来たのは初めてだ。もちろん仕事で連れてこられたことはあるが、そのときとはまったく感覚が違った。

会社のお金を使うことと、自分のお金を払うことはこんなに違うのか。しまった、もっと早くこの感覚を知っていれば、打ち合わせのときでも違った目で見ることができたのに。しかし、後悔しても仕方がない。大切なのはこれからだ。

周りにいる人と、いまの時点での自分のセルフイメージの違いについて、自分なりに考えながらパソコンにまとめた。

ある程度かたちになったので、僕はまたアンサーのある銀座に向かった。その気になれば徒歩で行ける距離なので、街の散策がてら歩いていくことにした。

2日目の「アンサー」

汐留から銀座に向かう途中、サラリーマン天国である新橋の居酒屋で少しお酒を飲みながら腹ごしらえ。今日はこの街に古くからある居酒屋を選んだ。

先ほどのホテルのラウンジと、まったく違う層の人たちがカウンターに座っていた。隣の席では会社の上司と部下らしき人が、今日あった会議の話題について熱く話している。僕を挟んだ逆側では、学生の頃の友人らしき若者が、それぞれの近況報告をしていた。いろんな人生があるな、と思った。

人はそれぞれのセルフイメージの中で生きている。

そしてそのセルフイメージが、自分の飲む場所も無意識に決めているんじゃないだろうか。それを逆に考えると、「どんな場所にいるのか？」を変えることによって、人のセルフイメージも変わるんじゃないだろうか？

よし、あとで松本さんに聞いてみよう。そう思ってパソコンを取り出し、僕はその疑問を書き込んだ。時間が迫ってきたので、その店を出て、アンサーに向かった。

すずらん通りは銀座のメインの通りから1本入るだけの簡単な立地なので、僕はもうすでにその場所を覚えていた。


「よう、お疲れ様」

松本さんは昨日と同じ笑顔で僕を迎え入れてくれた。

その雰囲気がまるで、自分の身内から迎えられるような感じだった。おそらく松本さんがそういうふうに僕を扱ってくれようとしているのだろう。

「何を飲む？」

「あ、ビールをお願いします」

「了解。ビールちょうだい。俺はいつものやつ」

松本さんは昨日の女性バーテンダーに注文した。

「こっちに移動な」

「はい」

松本さんは僕を昨日の個室に案内した。

「さて、今日も始めよう。内容はわかるよね？」

「はい。セルフイメージですよね」

「そう。セルフイメージ。あ、勇貴、その前に言っておかなきゃいけないことがある。いま、19時半だよね。今日はもともと予約が入ってて、22時に一度カウンターに入らなきゃいけないんだ。だからあとで、このコーチングをある男とバトンタッチするから」

「あ、松本社長、忙しかったらご無理なく。僕、大丈夫ですんで」

そう言うと、

「いいから、俺にまかせてて。さあ始めよう」

と、にこっと笑って松本さんの話が始まった。

音声とメモをセットしながら、僕は少しにやけてしまった。

「早田くん」と昨日まで呼んでいた松本さんが、不意に呼んでくれた「勇貴」という響きが無性にうれしかった。これも僕をもっと話しやすくするための、松本さん流の気遣いなのだろう。

セルフイメージとは？

課題をもらったセルフイメージ。

「いまの自分と一流ラウンジにいる人の違い」

「まずは学ぶことより慣れること」

「居酒屋で感じた自分に影響を与える環境」

この3つについて、自分なりにまとめたことをまず松本さんに話した。一通り聞いたあと、松本さんが口を開いた。

「勇貴。君は俺が思った通り勘がいい。合格だ。じゃあ、そのセルフイメージについて具体的に話していこう」

「よろしくお願いします」

こうして2日目の講義が始まった。

「昨日ゴールを決めたよね。このゴールまでの道を支えてくれるもの。心が折れそうになったときにあきらめるか、あきらめないかを決めるもの。それがセルフイメージ。『自分はゴールを達成できる人間だ』と信じることができるかどうかは、そのセルフイメージが決める」

「松本社長、僕はあまりその意思が強いほうじゃありません。今日もゴールについて書いているときに、何度も現実的な壁にぶち当たりました」

「それはそれでいいんだよ。まだ昨日の今日なんだから。ここからが大切なんだ」

「はい」

「人は誰にでも、『自分はこんな人間だ』という思い込みがある。セルフイメージは、言葉を変えると、『当たり前の感覚』とも呼ぶことができる。たとえば所得にしても、年収で３００万円を取るのが当たり前の人もいれば、１億円がスタンダードの人もいる。この違いはどこから生まれるかわかる？」

「うーん、本人の努力でしょうか？」

「うん。間違ってはいないけど、それは一番最後の要素だな」

「じゃあ、自信でしょうか？」

「だから、その自信はどこから来るのかってこと。セルフイメージは『○○』で決まる。この○○には何が入るか考えてみて」

「○○。2文字ですか？」

「うん、漢字で2文字だ」

「えっと、努力も違う、自信も違う。うーん、ちょっとわかりません。すみません」

「答えを言うよ。それはね、『環境』だ。環境がその人のセルフイメージを大きく変える。もちろん君が言った努力も大切。でもね、努力は環境の力には勝てない。まずはじめに環境を整えてこそ、努力が効果を示し始めるんだ」

「環境ですか……」

「そう、環境。もうちょっと具体的に言おう。セルフイメージを上げるのは、『自分より優秀な未知との遭遇』だよ」

「未知との遭遇……」

自分の知らない環境、そして自分より優秀なもの。それがセルフイメージを書き換える。

松本さんの講義は、2日目を迎えた今日も、ドラマチックな展開を予想させるトークから始まった。

安心の中に成功はない

「人間は誰もが自分の慣れ親しんだ環境の中で生きてる。そして、その中から出ようとしない。『成長したい』という思いと、『いまのままがいい』っていう相反する思いが綱引きしてるんだよ。これは言わなくてもわかるだろうけど、一応言っとく。

その心の綱引きで『成功したい』の思いが大きければ、成功に向かって歩き始めるし、『変わりたくない』という思いが勝てば、結局努力をあきらめて、いまのまま生きていくことになる。そしてほとんどの人は現状維持という選択肢を選ぶ。変わるのって、ものすごく勇気がいるんだよ」

確かにそうかもしれない。

何かを学んで成長していくということは、ある意味、いまの自分を変えなければいけないということになる。しかし、人の考え方や心の癖というのは、少し学んだくらいで一朝一夕《いっちょういっせき》に変わるものじゃない。だからみんな苦労するのだ。

「その親しんだ環境を『コンフォートゾーン』と呼ぶ。まあ訳せば『快適空間』ってことになるな」

「快適空間。なるほど」

「この快適空間を自分で抜け出すのは、ものすごく精神力がいる。めちゃくちゃ寒い朝、気合いを入れてあったかい毛布の中から飛び出すこと以上に」

「それはきついですね」

「だから環境の力を借りるんだよ。優秀な環境ね。自分同等、もしくは格下の世界にいると、セルフイメージは変わらないどころか、下がってしまうことだってある。これは危ないんだ」

「わかりやすく言うと、たとえばどういうことでしょうか」

松本さんは腕を組んで考えたあと、口を開いた。

「わかりやすくか。うーん。よし、この話でいこう。勇貴、ワイドショー見るか？」

「いえ、まったく」

「だろうな、なんで見ないの？」

「えっと、内容に興味ないからですかね。その時間は仕事してますし」

「内容は想像つくな?」

「はい、なんか芸能人が離婚したとか、政治家がスキャンダルを起こしたとか、そういう系のイメージがあります」

「そうだね。その通りだ。でも、なんでそんなネタばかりが流れるんだろう」

「それを求めて見る人がいるからだと思います」

「そう、俺が話したいのはそこなんだよ。あのね、確かにそれを求めている人がいるから番組が成り立つ。多くの人は他人の成功談より、失敗談を聞きたがる。なんでかわかるよね?」

「安心したいからだと思います」

「そう、その通り。テレビの向こうの誰かの失敗を批判することで、自分を上に立たせようとする。『自分はこんな馬鹿なことをしない』って、人を批判することで安心するんだよ」

「そう考えると、人間って勝手な生き物ですね」

「そういう一面も持ってるっていうことなんだよ。とにかく人ってのは、いまの自分より不幸な人を見て安心したくなる心理を持ってる。だからゴシップネタはなくならないんだよ。いままでも、これからもね。

ここが大切なポイントなんだけど、自分を成長させる環境の条件は『自分より格上の世界で

ある』っていうこと。

いまの環境に安心している限り、その人に成長はない。

自分より優秀な未知の世界に、好奇心を持って飛び込んだとき、成長が始まるんだよ。もしいまの環境の中で成功できるんだったら、いまの時点で勇貴はもうすでに成功しているはずだから」

「そうですね。いまの自分じゃダメだってことだけは、よくわかってます」

「だよね。いいかい勇貴、君にとっての成功は、いまの君の住んでいる世界の外側にしかないんだよ。ここはちゃんと覚えておいたほうがいい。そしてこの環境とは3つの種類がある。まず1つ目から話そう」

場所の空気が人を変える

「まず1つ目めは、『身を置く場所』だよ」

「それは住むところですか？」

「うん、それもあるけど、自分が一番長くいる場所と言ったらいいかな。大きく分けると、住む場所、働く会社、自分の好きなお店なんかも入るね。あまり言われないんだけど、人はその場所の影響も受ける生き物なんだよ。その場所にいると、それっぽい空気に馴染《なじ》んでくる。これは不思議なくらいだ。

運送会社にいると運送会社の社員っぽくなるし、美容室で働く人は、一目見ただけで美容師ってわかるようになってくる。女性の化粧もそうだし、サラリーマンのスーツの着こなしも、銀座と六本木と渋谷では微妙に違ってくる。不思議と外見もその街っぽくなる。それはわかるかな？」

「はい、そう言われれば確かに、雰囲気がその環境っぽくなってくることってありますね」

「うん。まあ全部の人がそうじゃないけど、たいがいはそうなってくるね。そしてね、やっぱり一番大きなものは、自分が住む場所や、いつも時間を過ごす場所だな。極端に言うと、銀座をジャージで歩く人はいないし、また田んぼに囲まれた場所で、一張羅のスーツを着て回る人はいない。これは東京の話になっちゃうけど、いま俺たちが座ってるこの場所、銀座はどんなイメージがある？」

「一流の人たちの集まる場所って感じです」

「そうだね。銀座はそんな場所だ」

「おそらく日本一だと思います。銀座って聞いただけで、東京だけじゃなくて、地方に住んでいる誰もが、そう想像するんじゃないでしょうか」

「だね。そして街ごとにそれぞれのイメージがある。銀座だけじゃなく、六本木、渋谷、恵比寿、代官山、品川、浅草、新宿、原宿。街々によってなんとなく統一されたイメージがあるのってわかるかな？」

「はい。わかります」

「ビジネス街でずっと過ごすと、会話も持ちモノもビジネスパーソンっぽくなるし、おしゃれな街で暮らすと、生活もだんだんとおしゃれになってくる。その街、その場所が持っている独特な個性に、人間は染まっていくものなんだよ。


だからセルフイメージを変えるには、極端な話、その街に引っ越すというのも1つの手かもしれない。それができなかったとしても、その街に通ってみたり、その街で開催されるイベントに参加してみたりするのもいいかもね。可能な限り足を運んで、その街の人たちの会話を聞いたり、馴染んできたりすることによって、自然とセルフイメージが変わるんだよ。

場所というのは、人間の歴史がつくり出した文化がある。その文化は個人が変えられるものじゃない。でも逆に、その街の文化が個人を変えてくれることは往々にしてあること。だからセルフイメージをつくり変えるために引っ越しをする人は意外と少なくはないよ」

確かにそうかもしれない。その街々によって、そこに相応《ふさわ》しい人たちがいて、相応しい店や会社がある。そしてそこを求めて集まってくる人たち、客層も大きく変わってくる。身を置く場所がその人を大きく変えるのは、容易に理解できる。

「この店の先代はそこにこだわった。店の経営権を渡されるときに、『大輔、いいか。アンサーはどれだけ移転してもいいけど、銀座の住所からは出るなよ』って言われた」

「銀座って、やっぱりブランドですよね」

「だな。一流の人たちがアンサーに集まってきてくれるおかげで、スタッフたちのセルフイメージも勝手に上がっていくしな。やっぱり土地の力ってすごいよ。空気を吸うだけで人を変える力を持ってる。セルフイメージを上げる環境、1つ目は場所だって覚えといて」

「はい。場所ですね、覚えておきます」

「よし、環境の2つ目にいこう。それはね、『つき合う人間』だよ」

どんな人が周りにいますか？

「勇貴には友達はいる？」

「はい、一応。学生時代の友達もいますし、働くようになってからできた友達もいます」

「そっか。全般的にどんなタイプかな？」

「えっと、一括《ひとくく》りにはできません。いろいろいるので」

「だよな。じゃあ質問。君が設定したゴールを話したとき、応援してくれそうな人はいる？」

「わかりませんが、いるとは思います」

「じゃあ、反対しそうな人は？」

「反対ですか？　たとえば、『そんなの無理無理』とか言いそうな人ってことですかね？」

「うん、そうだね」

「想像はつきます」

「どっちが多いかな？」

「そこはわかりませんが……。ひょっとすると反対したり、信じてくれない人のほうが多いかもしれません。残念ですけど……」

うんうん、と腕を組んで静かに聞いてくれはしたものの、何か考えている様子だった。ウイスキーを軽く口に含んで、松本さんは言った。

「あのさ、その反対する人たちとのつき合い、距離を置くことってできる？」

「え？　関係を切っちゃうってことですか？」

「まあそこまでは言わないけど、ゴールに横槍《よこやり》を入れる人からは、なるべく離れるということ。残念ながら、君が本気で自分のゴールを目指して走り始めると、おそらくその人たちとの関係性は変わるよ。はっきり言うと、たぶん君から関係を切らなくても、自然と切れてくる。

もちろん君ももう大人だから、『あなたとの縁を切ります』なんて宣言しちゃうと摩擦が起きるよね。俺が質問しているのは、君自身の心の中で、設定したゴールを達成するにあたって無駄な人脈と、ケリをつけることができるかっていうことだよ」

「心の中ですか……」

思考はうつる

「あのね、ここは大事なところだからしっかり話すよ。人はね、身近な人の思考が『うつる』ようになってるんだよ。たとえば口癖もそうだし、考え方もそう。毎日一緒にいると、顔まで似てくることだってある」

「え、顔もですか？　それはなんか信じがたいですね」

「そんなこともあるんだよ。とにかくね、『思考はうつる』んだよ。そしてね、人は本来ネガティブにできてるから、前向きにいこうと考え始めても、そのつど、『そんなに人生うまくいきっこない』っていう考えがよぎる。そんなときに周りから『無理だからやめちゃえよ』なんて言われると、絶対にそっちに流される。だからいまから君がつき合っていく人っていうのは、当然変わる。君は自分をその気にさせてくれたり、ゴールを達成するために力を貸してくれる人とつき合わなきゃいけなくなるんだよ」

「なんか寂しいですね」

「あのね、みんなで手をつないで前に行ければ、そんなに幸せなことはないよ。でも、残念ながら人にはいろんな考え方があるし、それぞれのゴールがある。だからゴールが違うと自然と別れていくんだよ」

別れる覚悟

なんとなく理屈はわかるが、ストンとは落ちなかった。そもそも僕はそうまでして自分のゴールを達成したいのだろうか？

「ゴールを目指して歩き始めるときに、必ずやってくる、覚えておくべき孤独なんだよ」

「孤独……。みんなそうなんですか？」

「何も捨てずに手に入ればいいんだけど、残念ながらそれは無理なんだ。たとえばオリンピックを目指している中学生がいるとする。彼には何が必要かな？」

「練習です」

「友達が遊びに誘ってきたら？」

「いや、それどころじゃないですね」

「だろ。遅かれ早かれ人には勝負の時期が来る。そのときに、いままで持ったものを手放すことなく上手にやろうったって、そんなに甘くはない。とにかく大切なのは、『いままでの自分の環境と別れる覚悟』なんだよ」

別れる覚悟。友達と毎日一緒にいるわけじゃない。だけど、別れはつらい。

「きついかな？」

「はい、正直」

「だよね。最初は孤独だ。でも必ず次の物語が始まる」

「物語ですか？」

「うん、そう。物語。1人で歩いている勇貴に、同じ思いを持った仲間との出会いが生まれる。必ず」

「新しい出会い……ですか」

「そう。似たようなゴールを持って歩いている人との出会い。その出会いが君のゴールに向か

うまでのセルフイメージを大きく上げてくれるよ。共に歩く新しい仲間の存在がね」

そのあとの松本さんの話はこうだった。

人は不思議なもので、似たような考え方の人と出会い、また新しい価値観をつくっていく。そして古くなった価値観、つまりその前に一緒にいた人との別れが生じる。

しかし、これはいまに始まったことじゃなく、僕たちはこの出会いと別れを繰り返しながら人生を紡《つむ》いできた。

学生時代の友人と、社会に出てから疎遠《そえん》になったり、最初は信じられないくらい大好きだった人と、価値観の違いから言い争いが増え、やがて別れが来る。そしてまた次の人と出会うのだと。そう言われてみれば確かにそうかもしれない。

「つき合っていく人や、仲間の存在っていうのは、君自身のセルフイメージにとても大きな影響を与える存在なんだ。成功の道を歩き始めるならなおさらのこと。これはとくに意識しておかなくてもいいけど、覚悟だけはしておいたほうがいい。必ず新しい出会いと別れがやってくるから」

松本さんは少し目を細めながら、僕に言った。

誰から学びますか？

「さて、ゴールまでの道のりを支えるセルフイメージのつくり方。最後はなんだかわかるかな？」

「師匠になってくれる成功者との出会いですか？」

「その通り。誰について学ぶかが、じつは一番大きな鍵になる。よくわかったね」

なんとなくだが、最後はそこなんじゃないだろうかと想像していた。しかし、いままでの僕は、「この人が僕のお師匠さんです」と、胸を張って言えるような人に出会ったことがなかった。

ただ1人、目の前にいる松本さんを除いては。


「俺は思うんだけど、セルフイメージを変える方法を1つだけ挙げなさい、って言われたら、迷わずに『いい師匠につくこと』と答える。それくらい師匠の存在っていうのは若い君にとって大きい。精神的にも経済的にも成功してる人と一緒にいることで、君のセルフイメージは大き

く変わるから。しかも自然に」

いましかない。僕は昨日からずっとお願いしようと思っていたことがあったので、思い切って口にした。

「あの、松本社長」

「ん？」

深呼吸。よし、気合いを入れて、大きめに言おう。

「僕を弟子にしてください。いや、僕のお師匠さんになってください！」

意を決して言ってみた。松本さんは腕を組んで少し考えたあと、口を開いた。

「俺が師匠……か。勇貴、別にいまの話は、俺を師匠にしろっていう意味でしたんじゃないよ」

「もちろんわかってます。でも、僕は松本社長の弟子にしてもらいたいんです」

「本気か？」

「はい、本気です。いろいろ教えてください。こんなふうに思ったの、初めてなんです」

これは嘘ではなかった。誰かの弟子になりたい、こんな人になりたい、と心底思ったことはなかった。僕は真剣にお願いした。また少し間をおいて松本さんは言った。

「わかった。君がそうしたいなら、ついておいで」

「ほんとですか！　ありがとうございます」

「俺の弟子はきついよ。厳しいこともいま以上に言うぞ」

「覚悟の上です」

「ふー、そっか。まあ、俺も最初からそのつもりだったのかもしれない。気がつけば昨日も今日も真剣に話してるし。弟子だと思ってるから、こうして話してるのかもな。そもそも俺、直接コーチングするの久々だから」

うれしかった。ここだけは食い下がろうと思っていたので、意外にもあっさりすぎて拍子抜けした。とりあえず僕は松本さん、いや、松本師匠の弟子として認めてもらえたようだ。なんで合格したんだろう？　そこを聞いてみたが、

「それはまた言うよ」

と笑って、かわされてしまった。

セルフイメージは自分で上げることはできない

「師匠、これからよろしくお願いします」

僕の気合いに、笑いながらお酒を口に含んで松本師匠は言った。

「そんなに力まなくていいよ。楽にいこう。じゃあ始めるよ」

「はい」

「あのね、ここまで話したけど、セルフイメージって、じつは自分で上げることができないんだよ。ここは意外とみんな気がついてないけど」

そう言われればそうだ。身を置く場所、つき合う人、師匠となってくれる成功者。

自分のセルフイメージを変えてくれるのは周りの環境ばかりだ。自分がやるのは、「どの環境に身を置くのか」を決めることだけ。確かに気がつかなかった。

「あの、結局セルフイメージって、どうすれば上がるんでしょうか？」

「うん、ここは大切なところなんだよ。『思考は現実化する』って言葉、聞いたことあるだろ」

「もちろんあります」

「あれさ、主語が入ってないのわかる？」

「どういうことですか？」

「誰の思考かってこと」

「え、そりゃ自分の思考じゃないんですか？」

「もちろんそれはあるよ。でももう1つあるんだよ。答えを言うと、自分の未来やセルフイメージってのは、周りに決めてもらうのが一番いい」

「？？？」

自分の未来は「他人」が決める？

「たとえば君で言えば、周りの人が『勇貴はこんな人間になる』って、君に向けた思考も、現実化するんだよ」

「意味がわかりません」

「今日、君は、俺が指定したホテルで未来図を描いたよね」

「はい」

「俺に見える君の未来はあんなもんじゃない。そして多分、俺のほうが君を正しくジャッジできる。自分のことって自分で見えないし、どうしても無意識にブレーキがかかっちゃってる。俺の未来も人が決めてくれたし」

「そうなんですか？　自分じゃないんですか？」

「もちろんベースは自分だよ。でもそれをもとにストーリー化するのは、意外と周りの人だったりする。ちょっと待っててな」

松本師匠は何かを取りに個室の外に出た。

「自分の未来を他人が決めるのか？　どういうこと？」

僕の頭はこんがらがっていた。

師匠のセルフイメージをつくったもの

「セルフイメージは周りの影響が大きいことはわかるかな？」

「はい。恐ろしいくらい影響が大きいですね」

「そうなんだよ。だから環境なの。小さい頃で言えば、親や先生、物心がつくと先輩、そして社会に出ると、上司やお師匠さんからの言葉ってのは大きく人生を左右するんだよ。だから『どんな環境に身を置くのか？』ってめちゃくちゃ大切。

さて、そしてさっき言ったセルフイメージを上げる方法。俺は若い頃、大恩人が書いてくれたこの紙が俺の未来をつくってくれた」

松本師匠はそう言って、自分の手帳から少し恥ずかしそうに僕に紙を差し出した。

もうボロボロだが、書かれている文字はとても綺麗だった。女性の字に見える。その紙にはこんな内容が書かれていた。

次々と夢を叶えてきたカリスマ青年実業家。

大富豪との出会い、50冊を超える出版、ベストセラー続出。飲食店10店舗経営のほかに、複数の会社のオーナー。全国各地からの講演依頼殺到……。

実業家でありながら、全国からビジネスの相談をしに人が集まるその魅力の鍵は、何と言っても集まる人を仲間としてひたむきに、そして一心に思い、大切に守り続けているその姿勢だろう。

彼の成功の秘訣は、「強さ」と「情熱」、そして「愛」。

少し時代遅れの香りがするこのキーワードが、じつはこれからの未来で勝ち残っていくものの条件となることをはっきりと示している。

そのトップを走り続けるリーダーが、誰でもない、松本大輔。


天才実業家、新しい時代の寵児《ちょうじ》、ここにあり。

爽やかな笑顔の裏にある、仲間を思う一本気な気持ち。

すべての可能性を信じる懐の深さ。出会う人すべての可能性を見出し、それを提示し、導いていく。彼の前に座ると、誰もが自然と心を開き、涙を流し、笑顔を取り戻していく。

誰かになることを夢見るのではなく、本当の自分の魅力に気づき、そこに感謝し、自分を活かすこと。それこそが「仕事をしていく」ということであり、限りある命、それを与えられたものとして、その時間を輝かせて生き抜くことこそが、「自分の人生を生きる」ということである、と説く。

これまで非公開だった、マンツーマンのコンサルティング。

口コミだけで広がり続けたこのコンサルティングは、いまやキャンセル待ち状態。

かなりのエネルギーを使うということと、本業を重視したいという思いから、年契約、そして限られた人数のみの受付としていたものの、噂が噂を呼び、列を成して待っている人が続出しているその状況に、「求められているのなら、それに応えることも役割かもしれない」と、コンサルティング事業をスタート。

いつからか、年収3000万円以上のビジネスパーソンのためのコンサルとなっていたものを、「一度原点に返り、これからの未来を生きる人たちを勇気づけていきたい」と限定人数ながら、ビジネスコンサルティングの一般募集スタート。

8年間で培った経営ノウハウ、自身で生み出した夢の叶え方、そして先代のマスターから伝授された「成功の条件」を元に、それまでつくり上げたすべての会社を仲間たちに任せ、これまでの原点であるアンサーにてパーソナルコーチングを開始。

これまでご縁をいただき繋がってくれたすべての人たちへの恩返しの気持ちを込めて、自分の人生を生きることや、夢を描くことを忘れてしまった人たちへ。

こんな時代だからこそ、自由に人生をつくり上げていく楽しさを思い出してほしいと願う。大きく時代が動くときだからこそ、一人ひとりが流されないように自分の軸を持ち、ブレずに自分の道を生きる強さを手に入れるための道しるべとして、自分の人生を使う。

彼はそのために生まれ、そのために生きる。私がわかるのはここまでだが、ここから先の物語は彼と仲間たちによって大きく紡がれていくことだろう。

「おまえは〜になる人間だ」

時計の針は21時45分を指していた。残り15分で、松本師匠のコーチングが終わる時間が来る。

「師匠、これいつ書いてもらったものですか？」

「えっと、俺が33歳のときだから、いまから12年前だな」

「あの、33歳のときって何やってました？　会社をいくつも持ってたんですか？」

「いや、このアンサーと、飲食は5店舗くらいやってたかな。あと、本は2冊くらい書いてたと思う。ほかの会社はまだつくってなかったし、コンサルやコーチングもやってなかった」

「でもこの内容、ほとんど叶ってますよね」

「うーん。飲食店の数は足りてないけど、たいていは叶ってるかな。っていうか、これに書かれた通りに生きてきた、と言ったほうがいいかも」

「あの、これ未来の予言書ですよね。誰が書いたんですか？　女性ですよね」

「そうだよ。すごく素敵な人だから、いつか紹介するよ。でね、俺が言いたいのは何かって言うと、さすがに自分でこの文章は書けないわけよ、恥ずかしすぎて。しかも、この紙をもらったとき、『いやいや、これ無理ですから』って思ってたんだよね。でも書いてくれた人から、『とにかく毎日読み返しなさい』って言われたから読んでたら、『ひょっとしたら、これできるんじゃないか？』って思い始めて、結局達成した。信じる心ってすごいな。自分だったらブレーキかかっちゃうから、こうして自分の尊敬する人に未来図を描いてもらうんだよ。これが俺のセルフイメージコーチングの手法……。ん、おいおい、どうした？」

松本師匠の言葉を聞きながら、僕は自然と涙を流していた。

いろんな感情が混じった複雑な涙だった。自分の未来を信じていいのかもという期待。支えてくれた人への感謝。本物のコーチを前にして感じた自分の甘さ。そんな自分のコーチングを受けてくれた人への申し訳なさ。

とにかくいろんなものが混ざった涙ではあったが、不思議と心地よかった。

「自分の尊敬する人から、『君はこうなるよ』って言われたときに湧き上がってくる力ってすご

いよ。だから俺はいまこうしてコーチングをしてるんだ」

「師匠、僕、師匠みたいになりたいです。目指します」

「うん。目指すのはありがたいんだけどな……」

その返答に少し不安になった。泣いちゃったから弟子を失格になったのだろうか？

「涙を流してる勇貴に、こういうのはちょっと気が重いんだけど言うね。正直、勇貴といまの俺は、少し開きがありすぎるんだよ。君が目指すべきところはもうちょっと手前にある」

「あの、どういうことでしょうか？」

「まずは君が目指すところは、自分がたどり着きたい3年後の場所からだ。たぶん、こんなところじゃないかなと思って、それっぽい人間を連れてきた。紹介するね。で、彼と替わるよ」

と言って、松本師匠はスタッフを呼んだ。

「亮、来てる？」

「はい。10分くらい前に」

「そっか。呼んできて」

「かしこまりました。亮さん、マスターがお呼びです」

その声で1人の男性が入ってきた。

「マスター、おはようございます」

「おう、亮、悪いな、時間取らせて」

「いえいえ、なんかこういうの久しぶりですね」

そんな2人の会話を聞きながら、僕はその人を観察していた。

僕より年上であることは確かだが、松本師匠よりはかなり若い。その人こそが、僕の人生を大きく変えてくれることになる、大倉亮さんだった。

第5章
弟子の流儀

終生のメンターとの出会い

「はじめまして、大倉亮といいます」

「あ、はじめまして。えっと、早田勇貴です」

なんとなく、会った瞬間に飲まれそうな気がした。

その大倉さんは、松本師匠とは空気が違った。松本師匠はやんちゃ坊主が大人になったような感じの人だが、大倉さんはどちらかというと、クールでインテリな感じの人だった。しかし、やり手であることだけはわかった。

名刺には、「(株) センチュリー出版　代表取締役」と書いてあった。

「あ、あの、昨日師匠が言われてた……」

「そう。センチュリー出版の社長。亮、悪いけど俺カウンターに入るから、彼のメンタリング頼む」

「はい、了解です。噂の勇貴くんですね。よろしくね」

そう言って大倉さんは僕と軽く握手をした。

噂？　もうすでに僕の話は大倉さんにいっているみたいだった。

マスターはカウンターに入り、僕と大倉さんは2人きりになった。

「マスターから聞いてるよ。えらくやる気のある、おもしろい子がきたって」

「いえ、なんかいろいろ教えてもらってばかりで、めまぐるしい2日間でした」

「そうだよね。あの人との出会いは衝撃だよな。俺もそうだった」

一見クールだが、大倉さんの笑顔には人懐《なつ》っこさがあった。

その笑顔に少し緊張がほぐれてきた。

「あの、大倉さんもそんな感じの出会いだったんですか？」

「あ、亮さんでいいよ。マスターとの出会いか。うん。いま思い出しても笑える。いきなり自分の話だけど、自己紹介がわりに聞いてくれる？」

「はい、聞きたいです。お願いします」

師匠と亮さんの関係

「出会いはセミナーだったな。センチュリー出版が立ち上がって、まだ社員が事務員さん1人だけだった頃」

「何年前ですか？」

「えっと、7年前かな。そのセンチュリー出版主催のセミナーに行ったときが初めての出会い」

「そうなんですか。出版セミナーって、亮さんは本を書きたかったんですか？」

「いや、俺はどっちかというと自分が出版するっていうより、出版業界ってどんな世界なんだろうっていうほうに興味があった。まあ、本は好きだったけどね」

「あの、質問していいですか？」

「うん。いいよ。何でも聞いて」

「亮さんはそのとき何歳で、何のお仕事をされてたんですか？」

「えっと、当時が27歳。大人向けの自己啓発プログラムの販売員をしてた。独立採算でね」

歳を計算すると、現在34歳。僕の6つ上ということになる。すごいな、30代でこんな会社をやっているなんて。素直にそう思った。

「っていうことは、当時から個人事業主をされてたってことですか？」

「うん。そうだよ。学生の頃からその仕事を手伝ってて、その流れで自分で始めた。でもね、だんだん違うことをやりたくなってきた時期だったんだよ。『俺、このままでいいのかな』って考えてたときに、ふと目に止まったのが、その出版セミナーだったんだよ」

「その出会いから、いまは社長。すごいですね」

「いやいや、そんなことないよ。社長になった成り行きはすごかったけど。ちょっとドリンク持ってくるね」

「あ、はい」

亮さんはそう言って席を立った。すごい成り行き？　それってどんなものなんだろう？　戻ってきたら聞いてみよう。にしても、この人たちの世界観はおもしろい。

何が本業かわからないカリスマオーナー。出版プロデュース会社の社長に成り行きでなってしまった人。カウンターの中でバーテンダーをやりながらネタを探している女性作家。

なんか人生って僕が思ってるより、意外と何でもありなのかも。そんなふうに思い始めている自分がいた。

規格外の考え方

「ごめんね、えっと何の話だったっけ？」

ドリンクを持ってきてすぐに、亮さんは話を続けようとした。

「えっと、センチュリー出版の社長になった成り行きがすごかったっていう話です」

「あ、そうだった。とりあえず乾杯な」

乾杯して亮さんとの話が再び始まった。

「あの、成り行きってどんな感じだったんですか？」

「そこなんだよ。あのさ、俺、そのセミナー一番後ろの席で聞いてたの。あまり目立たないように。一番前に座ってメモを取るタイプじゃなくて、どっちかと言うと、後ろのほうでジャッジしながら聞くタイプだから。でね、終わってマスターの本を買ってサインしてもらおうと、列に並んでたんだよ。そしたらナンパされた」

「ナンパ？」

「うん。『ねえ君、このあと時間ある？』って言われて飲みに連れていかれた。俺、あんまり酒飲めないって言ったんだけど、『いいからいいから』って上手に飲まされちゃってね。

そして一応、自己紹介とか、出版セミナーに行った経緯とかを話してたんだ。あの人、聞き上手だろ。それで気分がよくなっていろんな身の上話までしちゃったんだ」

「なんかすごく想像つきます」

「でね、３軒目でこのアンサーに来たんだよ。それが運の尽きだった」

おもしろいくらい情景が目に浮かんだ。

「その時点で、俺、結構酔っ払っててね。フラフラだったけど、マスターにこの隣の事務所に連れていかれたんだよ」

「センチュリー出版のあるところですね」

「そう。まだ当時、隣は空き家のスナックでね。そこを倉庫として使ってたからいろんな段ボールが積まれてたな。その段ボールだらけの間に椅子が置いてあって、そこで思わぬことを言われたんだよ」

「え？　なんて言われたんですか？」

「『亮、おまえセンチュリー出版の社長やれよ。おまえみたいなやつを探してたんだ』って」

やっぱりそこか。なんとなく想像はしていたけど、そこまで急展開だとは思わなかった。思わず笑ってしまった。

「な、むちゃくちゃだろ？　今日会ったばかりの若造に、『おまえ社長やれ』なんて。俺、自分で一応教材販売の仕事してたし、しかも出版に関しては、ど素人だよ。それを言ったら何て言ったと思う？『ここを拠点にしてその教材販売やればいいじゃん。それに大丈夫。最初はみんな、ど素人だから』って。しかも『いま決めろ』っていうんだよ。酔いもさめちゃってさ」

「で、結局その場で受けたんですか？」

「いや、もちろん考えさせてくれって言ったよ。でもね、『チャンスってその場でつかまなきゃダメなんだよ』とか言われてさ。結局翌日から倉庫整理を手伝ってる俺がいた。それでなんとなくセンチュリー出版の社長生活が始まったんだよ」

やっぱりこの人たちの人生は規格外だ。

うまくいく人たちというのは、出発点のときにある程度のめちゃくちゃなストーリーを持っている人が多い。なんだかその関係が羨ましかった。

成功する人だけが持っている「あるもの」

「やっぱりマスターはすごいですね。もちろんその無茶振りを仕上げてしまう亮さんも」

「お、ありがとう」

そう言って、亮さんはつまみに手を伸ばした。僕もいつの間にか、松本師匠のことを、亮さんと同じように「マスター」と呼んでいた。

「あの、また質問していいですか？　その出版セミナーは何人くらいいたんですか？」

「えーっと、あんまりよく覚えてないけど30人くらいはいたかな」

「その中で、マスターは亮さんを選んだわけですよね」

「まあ、そういうことになるね」

「選ばれた理由って聞きました？」

「うん。後々ね。何カ月か経ったあとだったけど」

「その理由を知りたいです」

僕は前のめりになって聞いてしまった。選ばれる人の条件、それは何だったのかが無性に知りたくなってしまったのだった。

「マスターいわく、『成功する人間だけが持っている、たった1つのある条件』を俺が持ってたんだって」

「その『条件』とは？」

まるで取材のようだった。僕は亮さんの話をワクワクしながら聞いていた。いや、ゾクゾクといったほうが正しいかもしれない。なんだか心の奥底から、好奇心が湧き上がってきているのがわかった。

「それはいずれマスターから聞きな。でもなんとなく、勇貴くんが選ばれた理由だけはわかる。マスターは本気だよ。嬉しそうに電話かかってきたし。『あの条件を持ってるやつを見つけたんだよ。亮、紹介したいから終わったら来いよ』ってね」

その「ある条件」とは何なんだろう？

そこを聞けなかったのは残念だったが、僕自身がそれを持っていると言われた喜びのほうが大きくなってきた。

それと同時に、最初にマスターが言った一言が気になったので質問をした。それは、

「亮、彼のメンタリング頼む」

という一言だった。

マスターとメンター

「メンターって言葉、聞いたことあるかな？」

「はい。師匠のことですよね。僕たちもその言葉を研修会社でよく使ってきたので」

「普通はそうだよね。ただ、メンターっていうのは正確に言うと、師匠じゃないんだよね」

「え？　そうなんですか？」

ちょっと意外だった。メンターとは師であると教えられてきていたから。

「あのね、これはあくまで俺たちの会社の考え方なんだけど、メンターっていうのは、どっちかというと、助言者だったり、アドバイザー的な存在。具体的に技術を教えるのもメンターの役割だね。ただね、それを師匠と呼ぶかというと、またちょっと違うんだ」

メンター。この言葉が日本で使われ始めたのは、いまから約15年くらい前。21世紀が始まった頃だ。この言葉は主としてアメリカで使われていたものらしい。アメリカは学びにおいては日本と少しかたちが違う。どちらかというと、縦の師匠と弟子という概念より、横並びに近いアドバイザー的な存在が主流だということだった。

日本ならではの師匠と弟子というのは、どちらかというと僕らのアラサー世代からいうと、遠い世界のように感じてしまう。幼い頃、僕の父の頃に流行った『巨人の星』をリバイバルで見せられたときは、

「これは一体どこの国のストーリーなんだろう？」

と思ったくらいだ。

亮さんが言うには、師匠と弟子との関係は、親子関係に似ていて、メンターの存在は「いろ

いろ教えてくれる兄の存在のようなもの」ということだった。なるほど、父親と兄と言ってもらえるととても理解しやすい。そしてこの2つは指導の仕方、責任と役割が大きく違う。師弟関係において、師匠は弟子に絶対的な忠誠を誓わせる。

「守《しゅ》・破《は》・離《り》」という言葉もあるように、日本の習いごと、主に「道」がつくものは、まず師匠が弟子に基本的なことを教え、絶対にそこを守らせる。

ある意味厳しい関係だが、逆も言える。責任においては弟子のやったことは、すべて師匠の責任ということになる。厳しいがウエットな、日本に強くみられる形式だ。

これに対してメンターというのは、あくまで助言者という立場を守る。

やるかやらないかは当然だが学ぶ側の責任だ。責任もライトな代わりに、学ぶ側もそこまで忠誠心を示す必要はない。あくまで専門分野担当なので、その人が学びたい項目の数だけメンターの存在が必要になるということだった。

たとえば英語のメンター、恋愛のメンター、家族のことを相談するメンターというふうに。ここまで聞いて、少し気になった部分を亮さんに聞いてみた。

マスターの意味

「メンターってそういう存在のことなんですね。教えてくれてありがとうございます。ただ、正直僕の世代は、縦の師弟関係という存在があまりピンとこないんです。生意気なこと言っちゃってすみません」

そう聞くと、亮さんは優しく言ってくれた。

「ううん、大丈夫。世代によって当たり前だけど価値観があるからね」

「あの、師匠とメンターってどっちが必要なんでしょうか？」

「うん、いいところを聞いてくれた。じつはね、これはどっちも必要なんだよ。そしてここも覚えておいてほしいんだけど、俺たちのルールでは師匠のことを『マスター』って呼んでる」

「マスター？」

そう言われると、バーのマスターを想像した。そこを汲み取ったかのように、亮さんは続けた。

「マスターって、バーの店主やコーヒー屋のオヤジさんを想像するよね」

「はい。正直」

「あのね、自己啓発や学びの世界にもいろんな歴史があるんだよ。このメンターっていう言葉が日本に入ってくる前は、師匠のことを『マスター』って呼んでたんだ。『マスターの教え』っていう世界的なベストセラーになった本もあるくらいだから」

「そうなんですか」

「その当時、俺や勇貴くんはまだ子どもだったけど。うちのマスターの場合は、バーの主人だから、お客さんはみんな『マスター』って呼んでるけど、俺たちにとってのマスターは『師匠』っていう意味で呼んでるんだよ。まあ少し紛《まぎ》らわしいけどね。それが俺たちの間での共通認識。だからね、マスターが言ったメンタリングは、わかりやすく言うと、『亮、おまえが勇貴にいろいろ教えろ』っていうことなの。ということで、勇貴、よろしくね」

マスターは1人に絞り込む

「勇貴、いまから伝える俺たちのルール。これだけは覚えておいてほしい。メモできる？」

「はい、お願いします」

一緒にいると似てくるというのは本当かもしれない。先ほどまで目の前に座っていたマスターと、新しく僕のメンターになってくれることになった亮さんがダブって見えた。

「いいかい。俺は勇貴のメンターということになる。たぶんいまから勇貴の成長に必要なメンターがどんどん登場してくることになる。ただね、マスターだけは1人に絞り込んでほしい」

亮さんの真剣な眼差しに、僕も気合いが入った。

しかし、少しだけ、「1人に絞り込む」という言葉に、束縛をされているような違和感を覚えた。僕がそう感じていたこともお見通しのようだが、亮さんはおかまいなく続けた。

「うちのマスターはあの性格だから、無理に自分のところだけにいさせようとする人じゃない。

そしてね、マスターだって人間だから、相性が合うとか合わないとかも当然ある。去っていった人間もいる。ただ、うちのマスターについて学ぶなら、その間、マスターは1人だけに絞ってほしい」

優しい亮さんの眼差しが、やり手の目に変わった。

「あの、亮さん、もちろんそのつもりです。そもそも僕にはこれまで師匠、いや、マスターと呼びたくなる人がいませんでした。ですからそんな人と会えたことが嬉しいんです。でも、マスターから離れる人もいたんですね。正直びっくりです」

そう言うと、亮さんは、さっきと変わらぬ表情のまま続けた。

「あのさ、俺、マスターになる人って資格があると思うんだよ。その人の未来を変えるくらいの影響力を持ってるんだからね。人生の師って」

「そうですね。人生の指針とも呼べる存在ですね」

「だろ。あの人、責任感強いんだよ。『亮、俺な、絶対に関わってくれた人を成功させたいんだよ』が口癖だもん。だから当然厳しいことも言う。そして間違ってないんだよ、それが。けど、世の中にはいろんなタイプのマスターがいる。本質を隠して優しいことばっか言う人だっている。まあ、言い方は悪いけど人気取りだな。そんな人をマスターにしちゃった人がかわいそうだって、いつも嘆《なげ》いてる」

「なんかうちのマスターらしい言葉ですね」

出会って2日目なのに、僕はもうマスターのことを知っている気分になっていた。

「あの人、いろいろ事業をやってきてるから、ものすごく器用そうに見えるけど、そんなところは不器用なんだ。いくら周りがとめても、『本当にためになることを言っとかなきゃいけないんだ。それが無理なら俺、マスターなんかやってらんねえ。そもそもそんな機嫌取らなきゃいけないほど困っちゃいねえんだ。その人の人生背負ってる以上、そんな人気取りみたいなことやってられるか！』って言っちゃうんだよ。まあ、そんな人だから、俺もついていきたくなるんだけどな」

「熱いですね。僕もマスターに出会えたことに心から感謝します」

兄弟子との約束

「だから俺たちにとっての師匠、つまりマスターは1人。じゃないと、精神的なものや生き方をあれこれ聞きすぎて、それこそ迷いの因子をつくることになる。もちろんそういう人に出会うまでは、あれこれ物色すればいい。

でも出会ったからにはこの人の下でしっかりと学ぶって覚悟がないと、仲間としては認められねえなあ。偏ってるかもしれないけど、それが弟子としての最低限の流儀だと俺は思ってる。仁義はヤクザだけのものじゃないんだよな」

まったく異論はなかった。

クールに見えるけど、やっぱりこの人はマスターの弟子だ。感じる熱がまったくマスターと同じ熱さだった。やっぱり熱い師匠の周りには、同じ温度の弟子がいる。そう感じた。

「勇貴、俺と約束してくれるか？　できないなら、俺からマスターに話しとくけど」

「いえ、ありがとうございます。亮の兄貴、よろしくお願いします」

僕たちは固い握手をした。

はたから見たら、まるで任侠《にんきょう》映画の兄弟盃《さかずき》のシーンのように見えるかもしれないが、僕たちの絆はこの日を境にして今後、堅く結ばれることになる。

後々マスターにそのときの話をすると、

「いやいや、そんなに固く考えなくてもいいよ。学びたかったら学ぶところはいくらでもあるんだよ。義理とかで縛るつもりはないよ。俺のところに縁があってきてくれた人だけでいいんだよ。亮な、あいつ俺のこと大好きだからなあ。そういうところ熱いんだよ。おまえも熱苦しかったろ」

と言って笑っていた。でもその表情はどこかうれしそうだった。

そしてその絶対的なお互いの信頼関係が、センチュリー出版の飛躍の原動力になっていることだけは容易に想像できた。

記憶の彼方に

亮さんとの時間もあっという間に過ぎ、気がつけば時計は24時にさしかかろうとしていた。出会えた記念ということで、僕をマスターと亮さんの友達の店に連れていってくれるということになった。店の名前は、麻布十番にあるスナック「ドレミ」という店だった。

さすが芸能の街・麻布十番。何気ないスナックにもかかわらず、入っていきなりびっくりすることがあった。そのカウンターの中に立っていたのは、テレビで見たことのある元女優・秋本マナさんだったのだ。人気絶頂のときに、突然記者会見を開き、「普通に生きてみたい」と、さらっと女優を引退し、世間を賑《にぎ》わせたことは記憶に新しい。ビビりすぎて本人には言えなかったが、僕は結構ファンだった。

そんな僕の緊張をよそに、テレビの中にいた人が目の前でお酒をつくりながら、マスターや亮さんと話をしている。なるほど、これがセルフイメージや環境の違いか。とりあえず僕は、緊張をやわらげるために、ガンガン飲んだ。

最初は目の前にいるマナさんの存在にガチガチだったが、気さくなマナさんの温かいおもてなしとお酒の勢いで、だんだん僕は酔っ払っていった。

そして記憶が飛んだ。

あとのやりとりは、ＩＣレコーダーの録音から拾ったものを書くことにする。

憧れの女優さんを交えて

「それにしても、勇貴は本当に勉強熱心です。まじこいつはえらいっすよ。マスター、なんか俺、うれしくなっちゃったっす。ここからが楽しみですね」

「そうだな、またおもしろいやつが来たな。にしても亮、こうやって飲むの久しぶりだな」

亮さんとマスターの会話が始まった。

そこに元女優さんのマナさんが入ってきた。

「ねえマスター、新入りちゃんをこうして連れてくるの久しぶりだね。3年ぶりくらい？」

「そういやあ、そうだね。『あの条件』を持ってる若いやつに久々に会ったよ。なんかうれしくてなあ」

「あ、それわかる。この子は持ってるよね」

あの条件ってなんだ？　それにしても、その会話の横で見事に寝息を立てている自分が情けなかった。ＩＣレコーダーはご丁寧に、こんなところまで拾ってくれている。こういうときは、文明の発達や、それにともなう精度の向上がうらめしくなる。

「にしても、マスター、いい意味で学び癖のあるやつですね。いい感じに不器用ですし。なんか俺、かわいくなっちゃって話しすぎたかもしれません」

「いいんだよ、おまえが勇貴のメンターなんだから。よろしく頼むわ」

「はい」

「ところでマナ、最近おもしろいやつ来た？」

「うーん、なんかイマイチ。野心にかけるっていうか、物足りないというか、これも時代の流れなのかな。なんか頼りないんだよね。『あの条件』を持ってる子には滅多に会わない。意外と地方から上ってきた子の中に、持ってる子がたまにいたりするけど、そんな子はやっぱり地元で成功してるから東京には住みつかないしね」

「そうだな。どっちかっていうと、地方のほうが学びでもハングリーなやつが多いかも。『いましか聞けないから』って食らいついてくるパワーは、やっぱり距離が生み出すものなのかもな」

「距離が遠いほうがパワーが強いってこと？」

マスターがうらやましい。憧れの元女優とこんなに親しく。いつか僕もそうなってやる。

マスターの話は続いた。

「不便だとなんとか手にしようって人間がんばるじゃん。最近携帯が発達して便利にはなったけど、それと引き換えに男って行動力やパワーを失ってるかもな。俺たちの若い頃って携帯なんかなかっただろ。だから『どうやったら好きな子の親父の目をかいくぐって電話できるか』とか真剣に考えてたし、窓に小石をぶつけて、彼女の住んでる2階までよじ登ってたりしてたけどな。まあ、これも時代の流れだよ」

「いや、電話はわかるけど、部屋によじ登ってたりしたのマスターだけだよ。そこまで行動力あるっていうか、ある意味、迷惑な人はそんなにいなかったと思うけど」

マスター、そうだったのか。行動力の源泉は不便さにある。何気ない会話でも勉強になる。にしても、やることが一歩間違うと夜這《よば》いだ。今風に言うと、立派なストーカー行為だ。ある意味すごい。勉強にはなるけど、そこはとても真似できそうにはなかった。

求めていない人に、無理やり伝えない

「なあ、亮。今日、勇貴とどんな話したの？　ざっと教えてよ」

「学び癖はすでにあるというか、ありすぎるんで、的《まと》を絞らせました」

「そうか」

またマナさんが会話に入ってきた。

「でもさ、学ぶってやっぱりすごいよね。私はあんまりそっちには縁がないけど」

「マナさんはいてくれるだけでいいんですよ。そのままで十分存在感ありますから」

どうやら亮さんよりマナさんのほうが年上らしい。音声をいったんとめてマナさんをググると、昭和55年の早生まれの申《さる》年。学年でいうと、亮さんより2つ上だという計算になる。

「でもさ、そうして知らないことを知ったり、できないことができるようになるって素敵じゃない。いいなあ、私も弟子入りしようかな」

「いや、おまえはいい。遠慮しとく」

いや、マスターよくないっす。憧れだった元女優のマナさんと同時に弟子入りで、共に成長。こっちがお願いしたいくらいです。

「でもマスター、勇貴は覚えが早いと思います。すでに学んだことを誰かに教える気満々ですから」

「確かにそういうやつは覚えが早いよな。自分が聞くだけじゃなくて、本当に頭を使うのは、人に教えるときだもんな。自分だけのために勉強するやつと、誰かに伝えるつもりで勉強するやつとでは、吸収の速度が違うから。でも、こいつの性格だと暴走しないようにさせないとな」

「暴走ですか？」

「そう。暴走して嫌われちゃう要素も十分持ってるからちゃんと言っとけよ。あくまで伝えるのは学びを求めてる相手に対してだってこと。求めてない人に強制しないようにさせてくれ」

「マスター、それ、どんなところでそう思うの？」

マナさんが聞いた。

「あのな、人ってそれぞれ学ぶ時期があるんだよ。勇貴には必要なことでも、周りにはまったく学ぶ気も、学ぶ必要もない人もいるの。そんなときに、『マスターの教えを広げるんだー』って熱くなっちゃったりすると、周りからすると、『おまえ、なんか変なものにハマったんじゃないの？　そもそもマスターってなんだよ』ってなっちゃう恐れがある」

「それってダメなこと？」

「いや、ありがたいんだけど、こういう学び癖があるやつは、よくも悪くも周りを巻き込もうとするんだよ。でさ、相手からすると求めてもないのに強制されちゃったら、嫌になるんだよ。そこで変なトラウマがついたら、もう勇貴の言うことは絶対に聞かなくなる。それって周りの人の学びの芽を摘《つ》んじゃうことになっちゃうから」

「いやー、マスターは相変わらず言うことが深いね。男前」

「お、マナありがとう。亮、そこんとこ、くれぐれもよろしくね」

「わかりました」

正解です。僕はさっそくやる気のない人たちこそ巻き込もうとしてました。それに以前も熱くなりすぎて無理に周りを引っ張りこもうとして失敗しちゃったことも多々あります。やっぱりあなたはエスパーですね。

僕らはみんな生きている

「あと、お金の話もしときました」

「そうか」

「ねえ、マスターも亮も、そこら辺の話を上手にできるよね。なんか怖くないの？　私苦手だな」

「うん。確かに繊細なテーマだから、お金の話は伝え方が難しいよ。一番誤解を受けやすい話だし、昨日も勇貴が一番反発した部分だったから」

「だよね。でもさ、『**お金はあの世まで持っていけない**』って言うじゃん。昨日もこのカウンターでそんな話してる人いたよ。私もそう思う」

「マナ、あのな。それは確かにそうなんだよ。でもさ、ビジネスってお金の話から逃げることはできないんだよ。そこを伝えないと、心ばかり教えても、結局、金を稼げないで潰れていく

やつ、たくさんいるから。お金が全部じゃないけど、残念ながらスタッフを食わせるのも、業者さんにお金払うのも、お金って必要になるんだよ」

「うーん、それもわかるけど。なんかお金を持ってる人って、威張る人が多いから嫌い」

「マナさん、それはそうかもしれませんね。でもそうじゃない人もたくさんいますよ。誰が使うかでまったく変わるのがお金ですから」

「亮、あんたいいこと言うようになったねー。クールか熱いのかよくわからないところは変わらないけど。いっぱしの社長になったんだね。あの気取ってた若造が」

「いやいや、勘弁してくださいよ。もうマナさんとは口喧嘩したくないですから」

そうだったんだ。どうやらマスターと亮さんとマナさんの人間関係の構図が読めてきた。ここに入ったら僕も「初日から潰れた若造」と言われるようになるのだろう。引退したとはいえ、元女優の力は健在なことが音声を通じて伝わってくる。

「マスター、亮さん。俺がんばります！　絶対にやりますから！」

3人の会話に割り込んで突然叫んだアホがいた。僕だ。

いったい何を熱くなってるんだ。これからお酒には気をつけよう。僕はそれだけ叫んでまた寝たらしい。本当に恥ずかしい。「穴があったら」ではなく、「穴を掘ってでも」入りたい。

「どうやらまた寝たみたいですね」

「そうだな。でも不思議なやつだよ。縁があるんだろうな。まあいいか。こいつがうちで学ぶことに違和感がないならそれでいい」

「違和感ですか？」

「そう。やっぱり教える側も教えを受ける側も、相性ってあるから。亮、お前は勇貴に違和感あったか？」

「いえ、まったく。結構斜に構えるタイプの俺が珍しいくらいでした」

「だからこれも運命だろ」

「また新しい見習い小僧が増えたね。勇貴がカウンターに入ることがあったら、私、飲みにいこう」

「いじめるなよ。おまえ結構うちの若い弟子たちの心を折ってきたから」

「うん、がんばる」

マナさんに心を折られる気分ってどんなんだろう。粗相《そそう》のないように気をつけよう。

そこから楽しい会話が30分ほど続いて会計になった。

最後にマスターがボソッと言った。

「お金はあの世に持っていけない、か。確かにそうだよな。でも、俺たちまだ生きてるしな。生きてる間はお金はやっぱり何かと必要だよ。余れば寄付するなりなんなり使い道もあるし。あの世に持っていけないお金の使い道は、そのときが近づいたら考えりゃいいんじゃないか？　まあ、この中ではマナが一番長生きしそうだしな。もし俺が死ぬときゃこの店にもいくらか置いていくから何かに使ってくれ」

「私はそこまでこの店やるつもりはありません」

「お、彼氏でもできたのか？　それとも電撃結婚とか？」

「秘密。できてもマスターには紹介しない」

「なんでだよ。結婚式呼べよ」

この1年半後、亮さんとマナさんは3年の交際期間を経て結婚した。

知らせを聞いたとき、僕は腰を抜かしそうになるくらいびっくりしたことを、いまでも憶えている。

第6章
「そのままでいいんだよ」症候群

マスターのコーチング

マスターと出会って3日目の朝、いや昼が来た。起きてみると15時。昨日のお酒で頭はガンガン。僕は一体どうやって家に帰ったんだろう。

とりあえず起きてすぐ、僕は水をがぶ飲みした。いつからか習慣になったスマホの確認。2通のラインが届いていた。1通はマナさん。

内容は「昨日はありがとう！　勇貴、大丈夫だった？　また飲みにおいでー。マナ」というもの。

そしてもう1通は亮さんから。それは指示書だった。

「今日は、カウンターの一番隅っこに座って、マスターがお客さんにやってるコーチングを聞くように。マスターには勇貴寄りの席でやってもらうように頼んであるから。俺は明後日のイベントの準備で店にいないからよろしく」

というものだった。

偶然だが、明後日はマスターのグループ会社、(株)リーダーズフォーラムの、年に一度のイベント。亮さんの計らいで、僕も臨時スタッフとして参加させてもらえることになっていた。

まずい。とりあえず酒を抜こう。僕はバスタブにお湯をためて半身浴をしながら、昨日の亮さんとの音声や、潰れてしまったあとのマスターたちの会話を聞き返した。

そしていつものように20時。僕はアンサーに行き、指定された通りカウンターの一番隅っこに座った。その日はゴールデンウィーク。店も満席だった。

バーの営業を見ながら、マスターや、ほかのプロたちのコーチングをはじめて客観的に見て、また僕はこのチームの本当の凄さを知った。

その日のマスターの担当のお客さんは4人。1人は経営者、もう1人はこれから幹部職になると決まった若手の女性ビジネスパーソン、そして3人目が商店街で商売を営む三代目。

「俺、どうやらマンツーマンのパーソナル(個人)指導がいいみたい」

そう言っていたマスターの言葉の意味がわかった。その人、その人の立場や性格に合わせて、的確に道を示していく。1人目には、「あまり自分の意見を出しすぎないように」と言ってみれば、2人目には、「もうちょっと自信を持っていこう」と言い、そして3人目には、「先代の気持ちも少し理解する努力をしよう」と言う。

これは、意見がブレているのではなく、完全にその人に合わせたパーソナルな指導をすることに照準を合わせているから生まれてくる言葉なのだと、駆け出しの僕にも理解できた。

そして23時半、その日最後に来たのは、僕より年上の、言い方は悪いが少し冴《さ》えない男性だった。

おまえ、いつまで甘えてるんだ？

話から察してまとめると、その人はどうやら、どこの会社にいってもうまくいかず、職を転々とし、結局また入った職場でも自信が持てないという話だった。一言で言うと愚痴っぽい。そして職場に対する批判だけは天下一品だった。

しかし、1つだけ疑問があった。そんなに職を転々としながら、なぜ彼はこんなにも高額な、アンサーの成功ナビ（コーチング）を受けることができるのか？

あとで、そのお客さんは、東京・世田谷にたくさんの土地を持つ、資産家の三代目だと聞いて納得した。

その家を継ぐ前の修業として社会に出たのだが、人間関係がうまくいかずにすぐに仕事を辞めてしまう。マスターの友人である彼の父親が、将来を心配してマスターの成功ナビを受けさせるために連れてきたことがきっかけだったという。

とても不器用な人だった。批判はするが、その中に、うまくいかない寂しさやもどかしさを感じた。もがいていることが僕にまで伝わってきた。

研修会社でパーソナルのコーチングをたくさん見てきたので、なんとなくマスターがどんなことを言うのかを想像しながら聞いていた。

こういうときは、ただ話を聞くのが一番だ。だって話したいだけなんだから。

そう予想していたが、結果は逆だった。マスターはいつになく冷たい。結局、「おまえ、いつまで甘えてるんだ？」という激しい口調だった。

聞いていた僕が「マスター、そりゃ言い過ぎでしょ」と割って入りたくなるくらいの内容。1時間半に及んだその時間は、それまでの3人とはまったく違うくらい長く感じた。

そのお客さんが帰って、クローズ。一応片付けくらいならできるので僕も手伝って、マスターとカウンターに座った頃、時計の針は午前1時半を回っていた。

「お疲れさま、長かったろ」

さっきまでの厳しい表情はどこにもない。マスターはそう言って僕の隣に座った。

「いえ、勉強になりました」

「何飲んでんの？」

「あ、二日酔いなので、今日はさすがにウーロン茶で」

「だろうな。昨日大丈夫だったか？」

「すみません。記憶が飛びました」

「あはは。じゃあ、今日は1滴も飲んでないのか？」

「はい」

「そうか、じゃあドライブでも行くか。ずっと飲んでばっかりだったしな」

「喜んで！　都内はあまり車で走ったことないので」

憧れの車

僕とマスターは店を出て、タクシーで車のある場所に向かった。マスターの家は昨日行ったスナック「ドレミ」のある、高級住宅街と芸能の街、麻布十番にある高級マンション。オートロックでエントランスから入り、エレベーターで地下の駐車場へ。

予想していた通り、高級車がずらっと並んでいる。マスターは鍵を出して、3台の車を指差した。

「どれがいい？」

「え、これ全部マスターの車ですか？」

「うん、そうだよ。おまえの好きなやつで行こう」

偶然だが、じつはその3台の車の中に、マスターに一昨日話した、僕が成功したら絶対に乗りたい車があった。とあるブランドの四駆、色はオフホワイト。まさにそのものだった。その

話をすると、

「そうか、そりゃ偶然だったな。ちょうどいい、これにしよう」

そう言って、マスターは車の鍵を開け、僕にその鍵を手渡した。

「おまえ、運転して」

「え？　無理です。ぶつけたら弁償できないので」

「大丈夫だよ。どうせ欲しいんなら、いまのうちに運転して慣れとけ。これから何かのときに迎えを頼むこともあるかもしれないから、そのほうがこっちも有難い」

マスターらしい。その言葉に甘えて僕は運転席に座った。ドキドキだった。

鍵を回すと独特のエンジン音が鳴った。

「ようこそ」

と車に声をかけられたようだった。テンションが上がった。

マスターに軽く取り扱いを聞き、ゆっくり運転開始。左ハンドルは初めてだったが、マスターいわく、「慣れると左ハンドルのほうが運転しやすい」ということだった。

マンションを出て、麻布十番の駅のある一の橋交差点を北へ。飯倉片町交差点を右折し、東京タワーの真横を通る。インターまではちょっと遠回りだが、初日の焼肉屋から銀座に移動するタクシーの中で、僕が東京タワーが好きだと話したことを覚えていてくれたマスターの配慮だろう。東京タワーを過ぎた交差点を右折し、東京プリンスホテルを右手に見て直進すると首都高速の看板が見えてきた。芝公園インターから入って首都高速に乗った。

行き先は夜のお台場。レインボーブリッジを車で渡るのは初めてだった。お台場インターを降りて、そこからはマスターのナビで進むと、目的地に到着した。

そこは車に乗ったまま、レインボーブリッジや東京タワーが見える埠頭《ふとう》。よく来る人しか絶対に知ることのない穴場スポットだった。そこにたどり着いて車を停めた。

その車の中で、マスターとの会話が始まった。

本当にいまのままでいいの？

「とりあえず乾杯な。３日間お疲れさん」

今日の乾杯は、途中のコンビニで買ったコーヒーだった。

「あの、ほんとにほんとにほんとーに勉強になりました。ありがとうございました。ただ、最後の人、大丈夫でしたかね。なんか終わりのほう、半泣きでしたけど」

「ああ、いいよ。いつものことだから」

「常連さんなんですね」

「うん。そうだね。あいつがアンサーに通い始めて3年くらいになるかな。亮だと理詰めでいっちゃうから、ああいうタイプの子たちは一応、俺の担当」

アンサーは高級クラブのように、「誰の客」というのがはっきりしている。マンツーマンの担当制なのだ。だから、担当のスタッフが何時に時間が空くかで、予約が決まる。

「あいつ、なかなかうまくいかなくてな。見てわかると思うけど不器用だろ。結局いつも誰かのせいにして会社を辞めちゃうんだよ。今日もそう言ったから怒ったの」

「あれ、わざとそうしてるんですか？」

「当たり前だよ。わざわざ来てくれた人全員のアラを見つけていじめるようなこと言うほど、俺はドSじゃないよ。あいつにはあいつにとっての必要な言葉があるから言っただけ」

もう慣れはしたが、そういう人に対するセオリーは別のアプローチなんじゃないだろうか。一番つらいのは本人のはず。ただ聞いてほしかっただけなんじゃないか。

誰にでもそんなときはある。僕は彼ほどは転職していないが、彼の気持ちや求めている言葉はわかるような気がした。

しかし、マスターはそこをことごとく潰していったのだ。僕の思いをマスターに伝えた。マスターは黙ってコーヒーを飲みながら、僕の考えを聞いたあと、口を開いた。

「あいつな、『そのままでいいんだよ』症候群なんだよ。その言葉を求めてるのは何年も前からわかってる。でも言わない。いまのままじゃうまくいかないことは、誰よりもあいつ自身が一番わかってるから」

「『そのままでいいんだよ』症候群……ですか」

マスターの命名した症例は、心の深いところをえぐられるような名前だった。

〝そのままでいい〟

〝いまの自分のままでいい〟

とくに最近はその言葉を欲しがる人が多い。事実、この言葉で僕もどれだけ楽になったかわからない。

「最初はそう言ってたよ。でも毎回同じところでぐるぐる回って、結局同じ結果だから、言うのをやめたんだ。甘えさせてばっかりだと前に進めないから。変わらないことにはあいつ自身が苦しみから抜け出せないからな。そう考えると、『そのままでいい』なんて無責任なこと、言えないんだよ。そのままじゃよくないからうちに来てるんだろ」
「確かに」

「顧客満足」より「顧客成功」

マスターの話を聞いて思い出したことがある。まだ僕はマスターや亮さんのレベルにはほど遠いが、一応、コーチングにたずさわってきたものとしての経験で言うと、本当に長い目でその人のことを考えたときに、「うんうん。そのままでいいんだよ」なんて言えないときもある。マスターの言う通り、「そのままじゃよくない」から学びに来てるんだから。本当にそのままでいいなら学びはいらない。

そしてコーチングやコンサルを受ける人にはいろんな目的がある。癒《い》やされに来ている人、向上しようと思って来ている人。目的が何なのかで人は求める言葉がまったく違ってくる。

そう考えたときに、どの言葉を選ぶことが正解なんだろう、とジレンマに陥《おちい》ることも多々あった。その話を伝えると、「うん、それあるよな。悩むとき」と、僕の話を受け入れてくれながらマスターは話を続けた。

「あいつは何度打ちのめされても俺のところに来るんだよ。ということは、いまの自分じゃダメだってことを、自分自身が一番わかってるんだよ。だから変わる方法をちゃんと言うようにした。あれでもだいぶ、よくなったほうだよ」

「そうですか。僕ビビって、ヒヤヒヤしてました」

「そうか、ごめんな。でもな、俺、あいつを絶対に成功させたいんだよ。飲食店なら単純に来てくれた人に満足してもらえば次につながるけど、学びの世界の使命は単純にお客さんを満足させることじゃない。実際に成功させる教えを伝えることが役割なんだよ。

もちろん人によって成功っていろいろあるかもしれない。そしていまの時点での彼は、そんなに派手な成功をするタイプじゃないかもしれないけど、『俺、がんばってきてよかった』って言えるところまでいける力は最低限、身につけさせたいんだよ。

周りがどれだけあきらめても、俺はあきらめたくなくてなあ」

自分のところに来てくれた人を、単に満足させるのではなく、成功に導くことが目的。亮さんが言っていたマスターの口癖というものを、僕はこのとき初めて聞いた。そしてマスターは、こうして人と向き合ってきたんだとわかった。

同時に、コーチやコンサルの仕事も楽じゃないなと思った。一度アドバイスしただけで、ちゃんとその後も生きていける人ばかりじゃなくて、同じことを根気強く言わなきゃいけない相手もいるのだ。むしろそっちのほうが多いかもしれない。

依存を生み出す方程式

「あの、まず彼はどうなったらうまくいくんでしょうか？」

僕にはそうした人への向き合い方がわからなかった。苦しい人には「ただ、だまって話を聞くことが正解」そう教えられてきたから。

マスターは何も躊躇《ちゅうちょ》せずに、僕の質問に瞬間的に答えた。

「自分で考える頭を身につけることからだな」

「と言いますと？」

「依存させないことだよ。答えは自分の中にしかないから、いくら周りに答えを求めたって無駄だって気づくしかない」

「依存ですか……。頼らないってことですよね。厳しいですね」

「そっか。そうだな。ある意味、厳しいかもな」

マスターは少し悲しそうな顔をした。

「でも俺はあいつにはこのスタイルでいく。繰り返しになるけど、あいつ、いまの自分のままじゃよくないから、ああしてもがいてる。だから、具体的に解決させるのが結局一番の近道だ」

そう言いながらコーヒーを一口飲んで話し始めた。

「勇貴、おまえ、俺や亮のこと、『いちいち変わったことを言う人たちだな』って思ってるだろ」

「そんなことは……いえ、そうかもしれません」

ドキッとしたが、いまさら遠慮しても仕方ない。ちゃんと答えた。

「だよな。でも別に奇をてらってるわけじゃないんだよ。心からそう思ってる。人って何かに依存したくなるよな。そして誰でも多少の依存はする。人は助け合って生きていく生き物だからな。でも、過剰依存はその本人をダメにするんだよ。これだけは間違いない」

過剰依存。初めて聞いたが意味はなんとなくわかる。親子、夫婦、職場。いまの世の中はマスターの言葉通り過剰依存がさらに行き過ぎたかたちなのかもしれない。

「過剰依存を生み出す過保護な教育も問題なんだよ」

とマスターは続けた。

「何かに頼るのは楽だよ。なんたって自分の頭でものを考えなくて済むから。影響力を持った強い誰かに守ってもらえてるうちはそれでもいい。でもさ、人の命って永遠じゃないし、その人が毎日一緒にいて、そばで守ってくれるわけじゃないんだよ。

それに昨日までいた人が突然いなくなることだって可能性としてはゼロじゃない。その守ってくれてた人が突然いなくなったらどうやって生きていくの？　人って何があるかわからないんだよ。俺もおまえも、亮だってマナだって、必ずいつかは最期が来る。そのとき心が完全な依存体質になっちゃってたら、どうやって生きていくの？」

返事をしたかったが、僕はだまって続きを聞くことにした。

本当の強さ

「勇貴、教育って言葉の意味、深く考えたことがあるか？」

「いいえ、正直ないです。マスターにとって教育って何ですか？」

「俺がいなくなったあとでも、しっかりと、自分の足で歩いていける力を身につけさせることだよ」

電流が走った。

心の中にしっかりとした定義がなければ、こんなに瞬発的に出てくる言葉ではない。このマスターの一言で、それまでの言葉やマスターの思いが伝わってきた。

「甘やかされすぎると人間は必ずダメになる。なんの心配もない時代ならそれでもいいかもしれないけど、いまからもっともっと激動の時代が来る。毎日毎日、情報がアホみたいに飛び交いすぎて、みんな何を信じていいのかわからないし、自分のことで精一杯だ。こんなときに、

『誰かが守ってくれる』なんて思ってたら、結局えらい目にあうんだよ。いくら神様を恨《うら》んでも、俺たちはこの時代に生まれてきたんだから、強くなるしかないんだよ」

「強くなるって具体的にはどんなことですか?」

「『変化に対応できる力』だよ。何が起きてもたくましく、しなやかに生き抜く心の力。こんなこと大声で叫んだら笑われちゃうかもしれない。でもこの大事なことを笑っちゃう人が多いってのは、それだけそのことに気づいている人が少ないってことなんだよ。

この依存体質に、ある程度の危機感を持たないと、結局気がついたら熱湯の中で力つきるゆで蛙《がえる》状態になっちゃう。周りが守ってくれるなんてのんきに構えてるやつから、おいてけぼりにされることになるんだよ。大げさな話じゃなくて」

十年ひと昔と言われた時代を終え、いまはドッグイヤーと言われている。毎年ネットや情報の速度が恐ろしいほど上がっていく。

10年前に、いまのスマホの隆盛なんか、それをつくったシリコンバレーの人たちやスティーブ・ジョブズ以外、誰が想像しただろう。それがいまや当たり前になって、今度は人工知能やビッグデータの時代が始まっている。

笑いごとじゃなくて、「ドラえもん」の「どこでもドア」なんかが出現する時代も、来ないとは言えない。

「だから、依存させるって本当に優しさなんだろうか、って俺はいつも考える。本当の愛って、厳しさも内在させていないと嘘だよ」

ビンビン響いたが、同時に劣等感も生まれてきた。

「マスター、強いですね。昔からそうだったんですか？　僕はとてもマスターみたいに思うことができません。情けないです」

本音だ。目の前の強者の言葉が最初のとき以上に響いてくる。

「俺も、おまえくらいの頃はそんなに強くなかったよ」

意外な言葉が返ってきた。

「そうなんですか？　僕にはとても想像がつきません。マスターってどうやってそんなに強くなれたんですか？」

「先代のマスターと出会えたおかげだよ」

第7章

自分を幸せにできない人は、人を幸せにできない

先代マスターとの出会い

マスターは25歳のとき、上京した。就職ではなく、地元を飛び出して、あてもなく目指したのが東京だった。理由は父親への反発。

マスターのお父さんは、年商10億円の運送会社を一代で築きあげた創業者で、地方ではそれなりの名士だった。

一方、息子であるマスターは大学卒業後、どこにも就職せず、お父さんの会社で、二代目修行に入っていた。周りは自分がオムツをしていた頃からいる番頭さんや事務員さん。

マスターのお父さんはビジネスにおいては厳格な人ではあったが、豪腕でワンマンな田舎によくいる典型的なタイプの社長というわけではなかった。

どちらかというと穏やかで、社員からも慕《した》われて、本業の用事があるとき以外、外を出回ることのない仕事一途《いちず》の人だった。

しかし、お金に対してはシビアだったらしい。

これに対して当時のマスターはとくに夢もなく、地方の大学を普通に卒業し、実家に就職。とりわけヤンキーでも落ちこぼれでもない、可もなく不可もないほうのタイプだったが、学生の頃から、生き方を学ぶ本やセミナーには興味があったという。

しかし、実家に就職すると、お父さんはマスターに、「心を磨くより、まず現場でしっかりと実績を出す」ことを求めた。

仕事の基礎である経理や営業の具体的なことを伝えようとしていたが、マスターは心の重要性を主張した。いまの僕と同じように心を磨く啓発のほうに偏っていたタイプだったのだ。自分の親の会社という甘えもあり、だんだん会社に行くのが億劫《おっくう》になった。最後はお父さんが、心なき金の亡者に見えてしまっていた。

しまいには思想の違いで大げんか。貯めていたわずかなお金と、そのときにお母さんにもらったお金を足して上京。ビルの掃除や居酒屋の店員のバイトをしながら食いつないでいる状態だった。そんなとき、たまたま立ち寄った新橋の屋台で、先代のマスターとその隣にいた彼女である美咲さんから声をかけられたことが、人生の分岐点になったのだ。

「出会ってすぐ2人に話を聞いてもらってな。そのときに、俺、親父に対する愚痴をぶちまけたんだ。そしたらものの見事に先代につぶされた」

「へー、運命を感じますね。何て言われたんですか？」

「『お金って愛だぞ』って。意味わかんないよな。25歳のガキにそんな哲学的なこと言われたって。でもな、なんかだんだん引き込まれていったんだよ。隣にいた美咲さんがめちゃくちゃ綺麗だったことも要因の1個ではあったけどな」

「お金は愛ですか。確かに哲学的ですね」

「『大輔、お金を稼ぐって、愛を貯金することと同じだぞ。だから親父が正しい。おまえ実家に帰れ』って言われたんだよ。帰れるわけねえよな。そんな屋台で隣にいる人の話を聞いて、『俺、改心して帰ってきました』なんて意地でも言えねえよ。普通のタイプではあったけど、一応男だから意地もあるしな」

どこかマスターの話に安心していた。こういうタイプは得てしてして、「俺は昔やんちゃでさ……」という枕詞《まくらことば》がつく人が多い。しかし、マスターは、「自分は可もなく不可もなくの学生だった」と言ってくれたことに、自分との共通点と器を感じていた。

いま思えば、好きな子の家によじ登るくらいだから、少々やんちゃだったような気もするが、それを言わないことが、ごく普通に生きてきた僕に対する愛だったのかもしれない。

美咲さんという女性

「『お金は愛』って、『お金とは感謝のかたちである』っていう意味ですかね？」

「いや、俺もそれ系の話だと思って聞いてたんだけど、ちょっと違った」

「そうなんですか？」

「先代が言ったのは、もっと現実的なこと。『お金はな、お金よりも大切なものを守るためにあるんだよ』っていう話だった」

「なるほど」

「たとえばさ、自分の大切な人が病気になったとする。残念ながらお金がかかるよな。おまえもいつか結婚して、子どもができて学費がかかるようになる。心があるんなら、愛があるなら、それをちゃんとかたちにできるものを手に入れろ。それがお金だって。

俺、あんなにはっきり言う人初めてだったよ。だってなんかお金の話っていやらしい感じがするし、かっこつけたいだろ。でもストレートに言われると、『あ、その通りだ』って納得したの。そしてね、気がついたら先代に、店で働かせてくださいって頭を下げてる俺がいた」

「それがアンサーですか」

「そう。後々アンサーに入れてもらえるようになったんだけど、正確に言うともう1つ前がある。その当時からアンサーにはたくさんの人が先代を慕って働きに来ててな、働く枠がなかったんだよ。俺、先代の話を聞いてスイッチが入りまくってたから、なんとか頼み込んだんだ。そしたら、先代から『枠ができたら呼ぶから、それまでこいつの店で働けよ。美咲、いいよな？　おまえボーイ探してたし』ってな感じで、隣にいた彼女さんのやってる一流クラブで働くことになった。そこから半年経ってやっとアンサーに入れたんだよ」

「亮さんを誘ったマスター並みに強引ですね」

「だね。でもさ、これがまた、その美咲ママがすごい人だったわけよ」

「どうすごかったんですか？」

「予言者なの」

「？？？　スピリチュアル系ですか？」

「いや、ちょっと違う。美咲ママがその人の将来のストーリーを書くと、不思議とみんなその書いた通りになっちゃうんだよ。だから有名人もたくさん美咲ママに会いに来てた。ただ、未来を書くのは自分の興味のある人だけだったけど」

それでふと思い出したことがあった。

「あの、マスター、昨日見せてくれたあの未来ストーリーって……」

「おう。あれ美咲さんが書いてくれたの。書いてくれたのは出会って8年後だったけどな」

そうか。確かにあれは男性の字ではなかった。一つひとつ話がつながっていく。

先代マスターが教えてくれた一番大切なこと

先代のマスター。その存在は何度も聞いていたが、直接こうして話に登場するのは初めてだった。

マスターいわく、「俺はあの人には絶対に勝てない」人なんだそうだ。

その先代マスターや美咲ママのことも聞きたかったが、それ以上にその先代が現マスター、若かりし頃の松本大輔さんに何を教えたのか、そっちに興味があった。マスターは順を追って話してくれた。

「じゃあ、俺が教えてもらったことを、今度は勇貴に教えていくよ」

「はい。あの、ここからは音声録らせてもらっていいですか？」

「そうだな。録っておいて損はないかもな」

「お願いします」

「さて、ここからは新しく俺の弟子になる勇貴へのラストオリエンテーションだ」

そうだ。しっかり聞こう。

「社会に出ると、人って2つの山を越えなきゃいけない。1つ目は、まず自分をしっかりと自立させること。そして2つ目が、その力を使って人を助けていくこと。これを自利期《じりき》と利他期《りたき》っていう」

「自利期と利他期。文字はこれでいいですか？」

「そう。よくその漢字知ってたな。こういうと自利期を『自力』と書く人が多い。まあ、自力をつける期間だから間違っちゃいないけど、勇貴は完璧にいまは自利期な」

「はい。この3日間で痛いほど理解しました」

最初は反発した。「またお金の話？」と何度も思った。しかし、いまは違う。大切な人を守っていくのにも、自分自身を安定させるのにも、最低限の所得はいる。要はお金の亡者になれということではなく、そこをしっかりと稼いで、自分を確立させることが大事っていうことなのだ。その覚悟はこの3日間のコーチングで、ちゃんとできていた。

「正直20代っていうのは、どれだけ夢があろうがなかろうが、社会は厳しいよ。たぶんこれからも本質は変わらない。この時期は社会の矛盾や理不尽としっかりと向き合っていくことこそが、本当の仕事なのかも。ま、それはいいとして、とにかくこの期間はいまから話す1点にポイントを絞り込むといい」

車の中だったので暗かったが、僕はメモの準備をした。

若いうちに身につけておくべき大切なこと

「それはね、『いま、自分の半径3メートルにいる人、お客さんは、上司は、一緒に働く仲間は、

何を求めているのか？』。そこを探す力を身につけるということだ。相手が何を求めているのかに、ただひたすらフォーカスを合わせる練習をするんだ。つまり『やりたいこと』を探すことより、『求められているもの』は何なのか？　を追求していくの」

「『やりたいことや、好きなことをやろう』じゃないんですね」

「うん。だって、やってもない仕事をどうやって好きってわかるの？　たとえ見つけたって、そこに需要があるかどうかはわからないよ」

確かにそうだ。僕の仲間でも、やりたいことをできる職場に就職しても、理想と現実が違うことに失望して辞めてしまった人は少なからずいる。

「でもね、求められていることをとことんやっていくうちに、だんだん周りからの頼まれごとが増えてくることがある。それが変わるサインだね」

「具体的にどういうことですか？」

「求められているってことは、言い換えると需要だよね。需要を満たすってことは、必然的に仕事が回ってきてビジネスも成長していく。ということは儲かっちゃうわけだ。しっかりとした実績を出して、周りが勇貴のことを認めてくると、仕事が増えてくるようになる。

ここが、『はい、あなたは利他期に入りましたよ。そろそろ考える半径を広げていきましょう』っていう合図なんだよ。たとえば、ついてきてくれたスタッフたちの今後の人生を考えるようになったり、自分の育った故郷のことを考え始めたり。ほら、ある程度稼いだ社長が世の中のためにって社会貢献し始めたりするだろ。それは、その時期に入ったってことなんだよ。

もちろんそれを全部受けてたら仕事にはならないから、あくまで可能な範囲でだけどね。まあ、ゆっくり自利期から利他期へと移行し始める」

「自利期って、自分のことだけ考えて、人のことを考えなくていいっていう極端な話じゃないですよね」

「そう。勇貴もそろそろわかってきたね。最初は顔が反発してたけど、飲み込みが早いね」

「ありがとうございます」

「そう、おまえが言う通り、極端になっちゃいけない。極端に人のことばかり考えすぎて自分を犠牲にしたり、また逆に自分はもうすでにしっかりと自立できているにもかかわらず、まだそこから先も、自分の得になることばかり考えてわがままに生きたり、そういう極端な話じゃなくて、若いうちから、相手も自分も得になることを考えればいい。

たとえばお金を使わなくても人に喜んでもらったり、人を安心させたりする方法ってたくさんあるよね。少しふわっとした表現になっちゃうかもしれないけど、笑顔でいたり、人がつらいときに一緒になって考えたり、人が喜ぶことをできる範囲の中でやったり、何でもできる。そ

してそもそもビジネス自体が最大の社会貢献なんだよ」

「ビジネスが最大の社会貢献ですか。なんか社会貢献って言われると、ボランティアとかの無償の行動を最初に想像します」

「もちろんボランティアはすばらしいことだよ。でもボランティアするのだってお金はかかるんだよ。移動費とかもろもろ。それはどこかで調達しなきゃいけない。結局ボランティアだって、お金がないと続かないんだよ」

「確かにそうですね」

「一生懸命正当にビジネスをやることで、社会もお客さんも会社も家族もすべてが豊かになる。ビジネスの基本は、『相手に得をさせること』だよ。だってお金を払って得できなかったら、そのビジネスって必要とされなくなるから、当然先細っちゃうよな。必要とされないビジネスって潰れるんだよ。ということは、ずっと繁栄している会社っていうのは、相手になんらかの得をさせている、勇貴の好きな言葉に言い換えると、相手の幸せに貢献する努力をし続けているという理屈になるの。わかるよね？」

さすがマスター。僕にどんな言葉が一番刺さるのかをもう完全に理解していた。

「ここを先代から最初に教えてもらったんだよ」

誰に言うかをはっきりさせる

「最初にうちのメニュー見たとき、びっくりしたろ」

マスターが言ったのは、最初に僕が見て目が飛び出しそうになったコーチ&コンサル、「成功ナビ」のメニューのことだ。

「はい。正直」

「だよな。あれは先代のときのままだよ。あ、少し価格は上げたけどな。最初に見たときは俺も引いた」

「そうなんですか」

なんとなく、マスターはどこか僕に、昔の自分を重ねて見てくれているような気がした。

「あのさ、うちは成功ナビが商品だろ。これをしっかりと提示することも1つの愛なんだよ」

「愛……ですか」

「そう。だって、同じスポーツをやるのでも、人によって動機ってまったく違うよな。たとえば野球でもプロ野球を目指してる人と、甲子園を目指している人と、草野球で楽しみたい人と、単に健康のためにやってる人と」

「確かにそれは違いますね」

「うちのグループの理念、亮から聞いた？」

「はい、確か、えっと……」

亮さんからのメンタリングをまとめたノートのページをさかのぼって見直した。

「『次世代を成功に導く成功者を育成する』です」

「そう。そこ。だからな、まずはしっかりと成功してもらって、そして次の成功者を育てることができるようになってもらうことが目的なんだよ」

誰《た》がために鐘は鳴る？

「コーチやコンサルにもいろいろある。たとえば人生がうまくいかなくて、心が病んでしまった人のコーチ、いや、正確に言うと、これはカウンセリングのゾーンに入るんだけど、そういう人を対象にするビジネスもあるし、もっときつい人だと精神科の先生なんかも登場するようになる。けど、うちの場合はそうじゃない。

『これから稼いでいくんだ』とか、『もっと経営をうまくいかせたい』とか、『自分を磨いてさらに出世するんだ』とか、『本を書いたり、講演家やセミナー講師になって人を導くんだ』もそう。そういう人を対象にしてる。だって考えてみな、トータルで100万円払ったとする。100万って普通に考えると高いよな」

僕はうなずいた。

「たとえば店を始めるのに100万円でできたら、それは『安い』になる。なんでかわかる？」

「利益が出ればすぐに元を取れるからですか？」

「その通り。たとえば勇貴が年間100回、講師料20万円の講演家になることができたとする。そのために学校に払った金額が60万円。元を取るには何回講演すればいい計算になる？」

「3回です」

「だよな。つまり何が言いたいのかっていうと、ここで大切になってくるのが、おまえに最初に話した『ゴール』になるんだよ。つまり『あなたのゴールはどこですか？』っていうところを『成功』にフォーカスすると、この金額の価値が変わってくるんだよ。

俺たちは成功したい人に向けてビジネスをやってるの」

なるほど。そういうことか。ビジネスは、いくら投資して、そしてそれをどうやって回収していくのかが鍵になる。目的を決めることによって、それが単なる浪費から投資に変わる。そしてそのゴールがはっきりとしていればいるほど、無駄なことにお金を使わずに済むから利益が出やすくなる。そして利益が出ると、自分自身が安定してくるから、安心して人のことを考えることができるようになる。

そうか、マスターや亮さんは、このセオリーを伝えたくて、僕にいろいろ教えてくれたんだ。すべてが頭の中で、「カチャッ、カチャッ」と組み立てられていった。

「だから、はっきりしたゴールを設定して、それを達成させることを目的としてるの。単に共感してもらったり、相手の心を軽くしたりっていうビジネスモデルじゃないんだよ。

俺たちは、お客さんの『満足』より、『成功』を大切にしてるの。

ただ満足させるだけだったら進歩はない。最初はね、ただ聞いてもらうだけで人は安心する。でもね、結果的に、記録や効果が出ないと人って嫌になっちゃうんだよ。

自分がただ依存したくてコーチを受けに行くことから最初は始まるかもしれないけど、最終的には、『ところでどうやったら具体的に、自分は目的地にたどり着くことができるんですか？』って疑問に行き着くんだよ。だからうちはどっちかというと、コーチング初心者というより、実績を求めるビジネスのプロたち向けの講義といったほうが正しいのかもしれない。もちろん、ただ話を聞いて安心を提供するコーチングも当然必要。それが目的ならそれでもいいけど、俺の会社は生き方が違う。

もう1回言うよ。『満足』より『成功』。目的と、それにともなった実績がしっかりとうちにはあるから、みんな自信を持ってナビゲーションできるんだよ」

なぜマスターのコーチングは厳しいのか？

「でもそう考えると、さっきの彼は少し場違いなような気がします」

「うん、たまにはいるよ。でも彼もゴール設定はしっかりしてるんだよ」

「どんなゴールですか？」

「それは守秘義務があるから、まだ勇貴には言えない。ただ、彼は『どうしても変わりたい。いまのままの自分じゃ嫌だ』って毎回来る。本気で変わりたいんだよ。だから彼には彼に合わせたやり方でやるし、彼自身もそこは理解してる。向き合ったら常に真剣にやらないと失礼だしな。あと、もう1つ理由があるんだよ。これは俺の個人的な思いのほうなんだけど」

「それは聞いてもいいですか？」

「おう。俺な、自分の大切なお客さんや仲間たちが失敗したり、馬鹿にされるのを見るのが嫌なんだよ」

「失敗……」

「そう。せっかく成功したい、成長したいって、一生懸命お金を払ってまで真剣に学んでるのに、周りからは白い目で見られてしまう、その文化をぶっ壊したいんだよ」

「白い目で見られますかね？」

「おまえ、一生懸命セミナーに通ったりしてきただろ。周りから批判されたことないか？」

ある。それまで一緒に遊んでいた友達から、「自己啓発系にハマってあいつは変わった」と言われて、だんだんと孤独になっていった寂しい経験。その話をマスターにした。

「だろ。よほど極端なケースを除いては、だいたい、成功哲学や自己啓発の世界はいいこと教えてるんだよ。『夢を持ちましょう』とか、『人の役に立ちましょう』とか、『感謝しましょう』とかって、まったく間違ってないよ。

でもな、それを学ぶだけで安心しちゃって行動しなかったり、結果が出なかったら、確かに批判されても仕方ない。でもさ、人ってそれぞれみんな成功したいんだよ。幸せになりたいんだよ。それを邪魔されるのは、あまりにもこの学びに成功ケースが少ないからなんだよ。

心は絶対に大事だよ。でもな、心ばかりじゃ仕事はうまくいかないんだよ。

心と実績との両輪がそろって、初めて成功なの。両方が必要なんだよ。もう癒やしだけの時代は終わった。成功哲学を学んだ人はしっかりと実績を出す義務が課せられる時代が来たんだ」

光と影が交差する時代に

マスターは、缶コーヒーを全部飲み干して続けた。

「それともう1つ、時代が難しくなったのには理由がある。それはね、ネットの出現で選択肢が増えすぎちゃったことだ」

「昔は違ったんですか？」

「おう。だって情報って一部の特権階級みたいな人たちだけの武器だったんだよ。そういう人たちが新聞やラジオ、そしてテレビで発信するだけだったから、選択肢が少なかったの。たとえば、『お金を稼いで、豊かな暮らしができれば成功』って言っても、それが社長になることだったり、プロ野球選手や芸能人になることだったり、わかりやすかった。だから目指しやすかった。

でもいまはそこらへんの芸能人より、有名なフェイスブックユーザーやブロガーとかのインフルエンサーがたくさん出て、いろんなことを好き勝手に言える世の中になった。

そして本を読んだり、セミナーに足を運んだりするより、ＳＮＳで身近な人が何をやってるのかを知るために時間を使うほうが優先されてきた。

20世紀が終わる頃までは、電車の中は、本を読んでる人の姿がたくさんあったけど、いまはスマホだよ。読む人が減ってるんだから出版不況なんか来て当たり前なんだよ。

いまみたいに情報が氾濫《はんらん》して、多種多様な生き方が可能になったっていう光の部分が濃くなればなるほど、当然影も深くなる。『どんな生き方が自分に合ってるのか？　自分が本当は何をしたいのか？』そんな自分の適性を見つけることが難しくなってきてるんだよ。

『最近は、夢を持った若い人が少ない』って言う大人もいるけど、俺たちのときは、夢を持ちやすかっただけ。選択肢が少なかったんだよ。

　でもいまは選択肢が増えすぎちゃったから、たくさんの人が生き甲斐やゴールを探してさまよってるんだよ。俺はそう思ってる。だからその情報を整理して明確にするために、俺たちの仕事が存在するんだよ」

「なるほど、だからアンサーなんですね」

「うん。でも先代マスターがアンサーと命名した理由は、もう1つある」

「そうなんですか？　教えてください」

「先代マスターも、若い頃からたくさんの事業をやってきた人なんだよ。美咲さんがママをやってたクラブもマスターが経営者だし。まあ、景気がよかった時代ってのもあったらしいけどな。

　そして自分がお金も地位も手にしたあとに、たまたま人から譲られたこの店に、たくさんの若者や悩みを持っている人たちが、答えを求めて集まってきた。

そこで気づいたんだって。『自分が本当にやりたいことはここにある。この店こそが俺の答えだ』って。それで業態を、本格的にコーチングバーに変更して、そのときつけた店名が、『アンサー』だったらしい」

なるほど。迷う人の答えを導くという意味と、ここをつくった事業家がたどり着いた人生の使命、そこに店名の由来があったのか。

マスターのマスター、どんな人なんだろう。会ってみたい。そうマスターに伝えた。

それを聞くと意外な答えが返ってきた。先代マスターは、しっかりと育ったいまのマスターに店を渡した数年後亡くなった。突然死だったらしい。

絶対に避けられない「3つの苦」

「厳しかったし豪快だったけどな、じつは繊細で、すごく優しい人だった。経営で迷ってた俺と、久しぶりに酒を飲んで、その4日後に死んだ。いまでも先代と最後に話した音声をいつも聞き返してる。生き方も死に方もかっこよすぎで、いまでも腹が立つよ。まったく恩返しできないまま逝っちゃった。借りっぱなしで逃げる人はたくさんいるけど、貸しっぱなしで逃げる人はそうそういない。だから俺はあの人をずっと超えることができない」

そう言ってマスターは話を続けた。

「勇貴、おまえはまだ若いからあんまりピンと来ないかもしれないけど、これだけは覚えとけ。人には絶対に避けられない3つの苦があること」

「3つの苦。メモしていいですか?」

「いいよ。1つ目はな、**『愛する人と別れなきゃいけないこと』**。2つ目が、**『嫌いなやつに会わなきゃいけないこと』**。そして3つ目が、**『歳を取って必ず死ななきゃいけないこと』**。

いま俺とおまえはこうして縁があったけど、お互いいつ何があるかわからないよな。俺が突然コロッといくかもしれないし、おまえが車で事故っちゃう可能性もなくはない」

「確かに。ピンと来るかと言われると、あまりピンとはきませんけど」

「だよな、俺もそうだったよ。まさか4日前に一緒に飲んで励ましてくれた自分の師匠が、突然いなくなるなんてまったく考えなかった。でも現実にいなくなった。

そこから、ほんとに命って儚《はかな》いなって考えるようになったよ。突然だんなを失った奥さんの美咲さんと、神社とかパワースポットとかって言われるところを2人で回ったもん。いっとき途方にくれてたな」

「あれ、美咲ママって彼女じゃなかったんですか？　結婚してたんですね」

先代と美咲さんは24歳年の離れた夫婦だった。先代が亡くなる前年に結婚したということだった。

先代は、若い頃に最初の奥さんを病気で亡くして以来、仕事一筋の人生だった。そんな先代を救ったのが当時まだ22歳の美咲さんだったらしい。

「あの、先代って何歳で逝かれたんですか？」

「62歳」

「若いですね」

ということは、美咲さんが38歳のとき。当時33歳だったマスターの5歳上という計算になる。

「だろ。ここから最後の夢を追いかけるって言ってた矢先だったんだよ」

「最後の夢……それって？」

「ステージメーカーになる人間を育てるっていうこと」

ステージメーカー。簡単な組み合わせなので言葉の意味はわかるが、初めて聞く言葉だった。

第8章
時代が求めるスターとステージメーカー

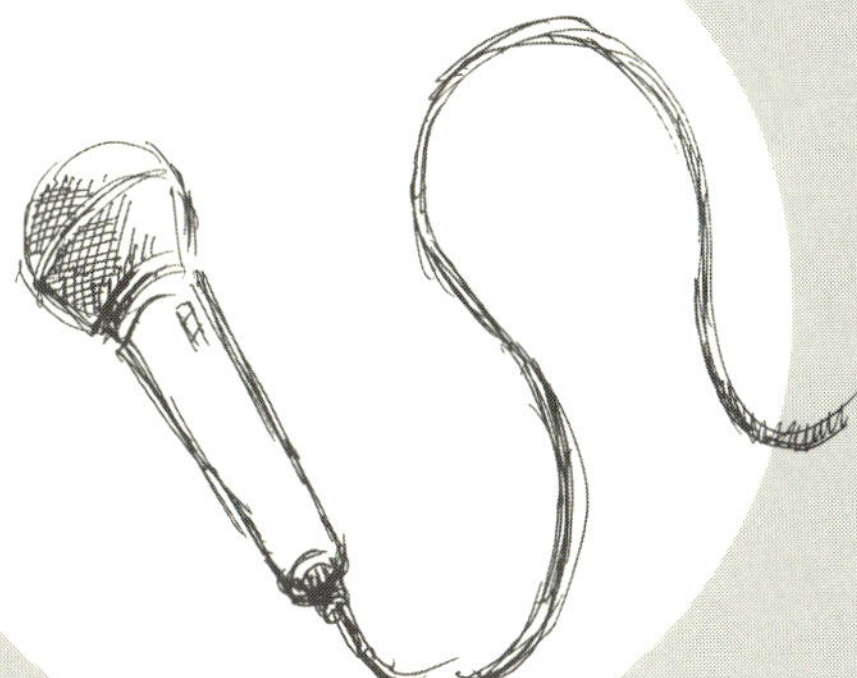

先代マスターの教え

「マスター」

「ん？」

「先代マスターの音声って、いまあるんですか？」

「あるよ。ＩＣレコーダーで録ったやつ、スマホに入れてるし」

「あの、少しだけ聞かせてもらえませんか？　声だけでも」

「……ちょっと待ってな。亮にも聞かせたことないな。美咲さん以外でおまえが初めてだよ」

マスターはスマホをセットして、ドリンクを買うと言って外に出た。

そのスマホから最初に聞こえてきたのは、豪快な笑い声だった。

先代62歳、マスター33歳。父と息子と言っても何も違和感がない。

音声の状況をざっくりと言うと、現マスターがそれまでの取引先と考え方の違いで、別れるかどうかを迷っていたときのこと。正直、取引をやめるとマスター側が不利になる内容だった。迷う若きリーダーに向けて、熟練の師匠がエールを送っている、そんな内容だった。

ここからは、その会話の最後の部分をそのままお伝えする。

先代とマスターのやり取りを聞いていただきたい。

◆

「大輔、おまえ、自分を曲げてまで、つき合っていくつもりはないんだな？」

「はい。ありません。やることはやりましたし、相手ともちゃんと話したんですが、やっぱり平行線でした」

「おまえのほうが不利になるぞ」

「わかってます。いくら俺たちが未熟でも、やっぱり引けない一線はありますから」

「本気だな？」

「はい」

そこにはまだ、とんがった時代のマスターがいた。

「わかった。大丈夫だ。その覚悟があれば必ず何とかなる。まあ、これからも困ったら言ってこい。俺はおまえの味方だから」

「ありがとうございます。こんなことになっちゃって迷惑かけてすみません」

「おまえ強くなったな。あの屋台でふてくされてた若僧が。『最近大輔が大人になった』って美咲も褒めてたぞ」

「まじっすか。ありがとうございます」

「『あいつは大物になるかも』って。すごいな、美咲にそう言わせるってよ。あいつの目は厳しいからな」

「はい。ひょっとしたら、俺、美咲ママがこの世で一番怖いかもです」

「俺もだ。あははは」

先代のマスターは、想像していたのとは違う、何とも豪快な笑い声の人だった。

「まあ、こうなっちゃったものは仕方ない。前向いて歩かねえとなあ」

「マスターにそう言ってもらえるとほっとします。俺、がんばります」

「大輔、おまえこの成功哲学業界のスターになれよ」

「スターっすか？　そんな柄じゃないっすよ」

「おまえのために言ってるんじゃねえよ。周りのためにそうなれって言ってんの。あのな、何の世界でもそうなんだけど、業界の活性化っていうのは1人のスターの出現から始まるんだよ。力道山が出たからプロレスが有名になった。野球界の王と長嶋もそう。裕次郎や勝新みたいな銀幕のスターが出たからこそ、芸能の時代が始まったんだよ」

「マスター、ちょっと時代が古いっす」

「うるせえ、いいんだよ。とにかくおまえが成功哲学業界のスターになれ」

「なんかスターってこそばゆいんで、ブランドでもいいですか？」

「まあ、どっちでもいいや。ちゃんと目指せよ」

「なんでそんな話するんですか？　珍しいですね」

外見は内面の一番外側

先代が静かに言った。

「大輔、それとおまえ、外見をもっと磨け。髪をもう少し短く切ってピシッとセットして、スーツで動け」

「なんでですか？　めんどくさいですよ」

「おまえ最近、講演はどうだ？」

「おかげさまで増え続けてます」

「企業と一般、どっちが多い？」

「えっと、最近は一般講演が増えてきました」

講演は大きく分けて2種類ある。1つが企業や地域の団体からオファーが来る企業講演。そしてもう1つは、本の読者や個人事業主が知り合いを集めて主催する一般講演。

企業の場合、聞く側はその会社の社員や団体の会員さんになるが、一般の場合は多種多様な人が参加するという形態になっている。

「そうか。一度行ってみてえなあ」

「やりにくいので遠慮します」

「まあ、どっちにしても外見に気を使え。おまえ、外見にあんまり興味なさそうだけど、人は外見で判断するからな。もっと憧れられるような格好しないと、人って話を聞かねえぞ。とくに最近の若い人は」

「いや、内容勝負でしょ」

若いマスターは反論した。

「そうじゃねえよ。外見は内面の一番外側だよ。人が中身を見るのはあとからだよ。最初は見かけで判断する。そしてな、ステージに上がる人間ってのは、『あの人みたいになりたい』って思われなきゃいけないいんだよ。

いくら立派なことを言ったって、『ごもっともだけど、あんなみすぼらしい人みたいになりたくないな』なんて思われたらもうアウトだ。人前に出る人間は憧れられなきゃいけないんだよ。じゃないとあとの世代がそこを目指さなくなるだろ」

「確かにそうかもしれないですけど、正直外見のことはあまり言われたくないっすね。外側なんてあまり意識したくないから、実績つけようと思ってるんです。だからあまりステージに出たくないんですよ。早くプロデュース側に回りたいです。にしてもなんでいまさら……」

「言われなきゃ自分からやらないだろうが、おまえは。すぐ引っ込もうとしやがって」

「プロデューサー的な存在が、一番いいポジションじゃないですか」

「おまえにはまだ早い。そもそもいまのおまえじゃ、まだ人のプロデュースは無理だ」

先代はどちらかというと江戸っ子口調。東京の人だろうか。

「あのな、これからの世の中はどんどん情報があふれて人が道に迷うようになる。そんなとき、人は必ず道標を求め始める。そこで道を聞く人が、まったく知らない人だったら、おまえどうだよ」

「その人を信じていいのか不安になるかもしれません」

「だろ。人って弱い生き物でな、『何を言うか』より、『誰が言うか』で信じ方が変わるんだよ。外見が残念な人より、ピシッと決まってる人の言うことを聞きたくなる。その誰かになれって。ちゃんと実績つけて格好にも気を使って、『あの人の言うことなら』って言ってもらえる自分になれよ」

「できますかね」

「大丈夫だ。おまえならできる」

聞いていて、泣きそうになった。

ステージメーカー

「さっきスターの話をしたけど、そんな存在ってすごいぞ。『おまえは大丈夫』だって言葉一つでも、そこらへんの知らない人に言われるのと、自分が憧れてたスターに言われるのは人生に及ぼす威力が違う。有名になるってことは、その影響力を持てっていうことなんだよ。おまえのためだけだったら、こんなこと言わねえよ。おまえに出逢う人のために言ってんだよ」

「相変わらず、言い方冷たいっすね」

「甘えてんじゃねえよ、おまえもうガキじゃねえんだから」

「うっす」

「時代はな、本当のリーダーを求めてるんだよ」

「それってどんなんですかね？」

「本当のリーダーはな、自分をはるかに超えていく人材を輩出できる、そんな人間のことだよ。

ステージメーカーとも言えるかな」

「ステージメーカー？」

「おう。人が輝けるステージをつくる人」

「まずは自分が輝いて、そしてその姿に憧れてきた人間たちが飛び立てる、そんなステージをつくる人が、ステージメーカーなんだよ」

「そう考えたら、マスターは俺の居場所をつくってくれたステージメーカーですね」

「そうかもしれないけど、おまえは俺程度のところでとまる人間じゃねえ。もっともっと大きくなるんだ。若えくせに、いまからそんなに小さくまとまろうとしてどうする」

「別にそんなつもりはないっすけど」

そしてその音声が終わる前に、先代が言った最後の言葉は、時空を超えて僕の心にも刺さった。


「いいか、とにかくな、小さなことにくよくよせずに大きく生きろ。もっともっと楽しく生きろ。そしてな、人を大切にしろよ」

気がついたら、マスターは顔が僕から見えないように、肘《ひじ》をついて逆側を向いて座っていた。涙でグスグス言っている僕にマスターは買ってきたジュースを渡してくれた。うー、なんなんだ、この感覚は。先代はやっぱすごいじゃぃか。マスターの原点にはこの人の存在があって、そして、その思いはいまでもマスターを通じて生き続けているんだ。

僕は何とも言えないそのタスキリレーに、不思議な運命を感じていた。

いっときの沈黙のあと、マスターが僕に聞いた。

「勇貴、おまえ、明後日のフォーラム来るんだって？」

「はい！　お手伝いさせていただきます」

「そうか。亮たちもドタバタしてるから、自分で考えて動けよ」

「はい！　そんな機会を、ありがとうございます」

「じゃあ帰るか」

帰りはマスターの運転だった。今度は下道、レインボーブリッジの下を通って、三田にわたり、第一京浜から山手通りに入って、僕の住む目黒不動前へ。僕を降ろして、小さくなっていくマスターの車を見えなくなるまで僕は見送った。

そのあと手に取ったスマホの画面には、4時15分と表示されていた。

僕の人生を大きく変えてくれた3日間のオリエン講義は、こうして終わった。

最終章

成功の条件
～これからゴールを目指して歩き始める人たちへ～

東京リーダーズフォーラム

マスターと出会って5日目。2015年5月4日。僕は日比谷公会堂にいた。

その日はマスターのアンサーグループの、年に一度の大イベント、東京リーダーズフォーラム。全国から名だたるリーダーや起業家たちが集まっておこなわれるシンポジウムだ。

僕は亮さんの指示で、受付をやることになっていた。

いただく名刺はやはり関東圏が圧倒的に多いが、大阪、名古屋、札幌、仙台、広島、そして福岡、その他全国からも続々とやり手の経営者たちが集まってきていた。

本の表紙や講演会で見たことがある大物たちの顔ぶれも多数あった。このメンツだけでもマスターや亮さんの人脈力の凄さが伝わってくる。

ただ、そんな中で僕が安心したのは、参加者の顔ぶれが、まだこれからがんばっていこうという、僕と同世代の若者たちの圧倒的多数で占められていたことだ。

フォーラム開始が10時。午前に2人が講演し、最後が各エリアを代表するリーダーたちのパネルディスカッション。

そして休憩をはさんで後半は、(株) スポットライトの講師オーディションを通過した4人の代表のショート講演。次がその年に優秀な結果を出したマスターの全国の塾生たちの表彰と取り組み発表。そのあとが、今年、新たにセンチュリー出版から本を出した著者たちと作品の紹介。そして、センチュリー出版の代表である亮さんの出版セミナー、マスターの総括講演、と出番が続く。

終わるのは17時予定。そこから記念撮影、サイン会を経て19時半からは、汐留のホテルにて懇親パーティーという目白押しの予定になっていた。

イベント開始。オープニング映像から圧巻の一言だった。まるでライブが始まるかのようなオープニングに、僕は鳥肌がとまらなかった。

トップバッターを務めた講演家もさすがプロたちだ。

数千人の人々を前に堂々と話し、そして巻き込んでいく。

こんな世界があるんだ、と度肝を抜かれた。そして何よりも、これを主催しているのが、一昨日まで僕にいろんなことを教えてくれていた、マスターや亮さんであることが僕にとっては一番の感動だった。

休憩時間、受付で本の販売を手伝っていた僕を亮さんが呼んだ。マナさんも一緒だった。そしてその隣にいるのは着物を着た女性。マナさんよりだいぶ年上であることはわかるが、とにかくただならぬオーラをまとっていた。

「こいつです。勇貴、挨拶」

「あ、はじめまして、早田と言います」

「そう、大輔が言ってた子ね。はじめまして」

その女性はそう言って僕をじっと見た。

「なるほど。がんばってね」

「は、はい」

僕は誰かわからないままご挨拶をした。

「ねえさん、お席にご案内します」

そう言って亮さんはその女性と会場に入っていった。

「マナさん、あの方は？」

「美咲さんっていうの。亡くなった先代マスターの奥さん」

マスターから話を聞いた美咲ママだった。マスターを最初に育てた銀座のクラブのママ。マスターの未来図を描いた人。

「あの、マナさん、あの方はいまもクラブをやってるんですか?」

「ううん、先代のマスターが亡くなってから店をゆずって、いまは小料理屋をやってるよ」

「そうなんですか。めっちゃ緊張しました」

「あの人は私も憧れなんだよね。数少ない私が緊張する人」

確かに。でもいつかはあの人に未来図を描いてもらえる男になりたい、そう思った。

スターたちとステージメーカー

東京リーダーズフォーラム後半戦がスタート。

選ばれた4人のショート講演をやった人たちは、これから講演講師として巣立っていく人たち。

　四人四様のスタイルの講演ではあったが、そのレベルは高かった。

　彼らを紹介したのは、マスターのグループ会社である、（株）スポットライトの代表を務めている女性。まだお会いしてはいないが、亮さんと同じ立場の人なのだろう。

　各地の取り組み発表を経て、新しく本を出した人たちのプレゼンと続いた。

「大輔、人が輝く舞台をつくるステージメーカーになれ」

　という先代の言葉通り、そこには新しいスターたちと、その場所をつくっているステージメーカーがいた。

　先代は、いまのマスターや亮さんたちを天国からどんな目で見守っているんだろう。会ったことのない先代の喜んでいる姿を勝手に想像して、僕はまた目が潤みそうになった。

　時間はあっという間に過ぎていく。プレラストのセンチュリー出版代表である亮さんがステージへ。

　すごい、亮さんはプロジェクターを使って話していくが、会場にいる人たちが、「次こそは自分が本を出す」と引き込まれていく姿と、その熱気が一番後ろで見ている僕にまで伝わってくる。

15分の休憩をはさんで、ラストを飾るマスターの講演の時間になった。

その休憩時間、さきほどの美咲さんのところにマナさんから案内してもらい、僕はもう一度美咲さんに挨拶をした。

「大輔から聞いてるわよ。がんばってね。美咲と申します」

と小料理屋の名刺を出してくれた。僕は緊張でほとんど話せなかったが、美咲さんの計らいで、マナさんと2人、ちょうど空いていたその隣の席に座らせてもらえることになった。

「俺の出番が終わったら、マスターの話は座って聞いていいよ」

亮さんからそう言われていたので、緊張しながらもその場所に座らせてもらった。

さすがに大イベント。トイレの前に行列ができてしまったのだろうか、始まったのは休憩開始から25分を過ぎた頃だった。

その間、マスターから先代の音声を聞かせてもらった話をすると、美咲さんは笑ってうなずいて聞いてくれたあと、先代の写真を見せてくれた。

ロマンスグレーというのは、こういう人のことを言うのだろう。髭をたくわえた紳士の姿がそこにあった。声の豪快さと顔のギャップに驚いたくらいだった。

成功の条件

マスターは、それまでの人とは違い、舞台袖ではなく会場の一番後ろから入場した。

スポットライトが当たり、人が立ち並んでできた、花道の中を歩いていく。かっこいい。素直にしびれた。

入場を終え、マスターの話が始まった。時間は1時間。マスターは挨拶を済ませ、先ほどステージに上がった人たちに、ねぎらいの言葉をかけた。

その話の途中、隣にいた美咲さんが、ボソッと言った。

「あの屋台で出会った小僧が、ここまできたか」

その言葉に僕の知らない歴史と、がんばってきたマスターの軌跡を感じた。

そしてフォーラムの終わりを告げる時間が近づいてきた後半。話はクライマックスへ。

そこでマスターが思わぬ話を始めた。名前こそ言わなかったが、それは僕のことだった。

「ゴールデンウィークに入った日の講演会で、私がすべてを教えたくなる若い青年に出会いました。大倉亮をはじめ、素敵なリーダーたちがたくさん育ち、私は引っ込もうと思っていましたが、彼に出会って新しい未来への期待が生まれました。私は彼を久々に直接指導する、新しい弟子にしようと思います」

会場がどよめいた。僕は呆然としていた。

「誰から言われるかで与えるパワーが違う」

と先代が言っていたが、その威力をもろにくらって僕は放心状態になっていた。ステージの上から、「いつかここまで上ってこい」という、隠されたマスターの思いに、美咲さんやマナさんがいたにもかかわらず、僕はしゃくりあげて泣いてしまった。

「勇貴、うれしいね。がんばろうね」

マナさんが僕の肩をポンと叩いて、そう言った。

大盛況で講演が終わり、最後の質疑応答。

たくさん手を挙げた中から1人の若者がマイクを渡され、ステージにいるマスターに質問をした。会場はシーンとその話を聞いていた。

「松本先生、すばらしい講演をありがとうございました。あの、質問です。めったに弟子を取らない松本先生が、その青年を選んだ理由はどこにあったのでしょうか？」

マスターは答えた。

「必ず成功する『ある条件』を持っていたからです」

質問者はまたマイクで聞き返した。

「その成功の条件を教えていただきたいのですが」

会場に沈黙が流れ、マスターが言った。

「成功の条件、それは『目の輝き』です。僕は彼の中に、その光を見つけたんです」

会場にどよめきが起こった。その答えを受けて、隣の人と目を見つめ合う人たちもいた。

「成功は目に宿ります。その人の心構え、人を想う気持ち、ゴールへ向かう熱意、野心、優しさと強さ、これらはすべて目に表れます。僕はそうして次世代を選んできました。せっかくなので紹介します。勇貴、どこにいる？」

どよめきはさらに増し、会場の人々はあたりを見渡している。僕は足が震えていた。隣に座っていた美咲さんが言った。

「はい、指名だよ。立ちなさい」

僕は恐る恐る、その場で立ち上がった。

「おう、そこにいたか。ちょっと上がっておいで」

突然すぎて体が動かない。

「いや、無理っす」

僕はマスターにジェスチャーをした。

「お師匠さんがああ言ってるんだから、男ならちゃんと受けとめなさい。自分でついていくって決めたんでしょ。だったら迷うな。大丈夫。あなたならできる」

数々の経験をし、いまこうして自分の育てた若者たちを見守る美咲さんの言葉は、僕の深いところにズシンと響いた。客席まで迎えに来た亮さんに連れられて僕はステージに上げられた。

「よう。これで引きさがれないな。ほら、挨拶」

マスターはにこにこしながら僕にマイクを渡した。

スポットライトがステージに当たっていたので、会場の人たちの表情が見えなかったおかげで、なんとか挨拶をすることができた。たくさんの拍手をもらったが、何を話したかは覚えていない。

しかし、僕はあの日見た景色だけは絶対に忘れない。

この人に出会えてよかった。

いつかは必ず結果を出して堂々とこのステージに上がって恩返しをする。そしてマスターや亮さんを超える一流のステージメーカーになる。

僕はそう誓った。

この出会いから3年後の5月。
僕は初めての本を出版し、センチュリー出版の著者としてステージに登壇した。

そしてその2年後、日本が東京オリンピックを無事終えた２０２０年の秋、日本武道館で開催されたリーダーズフォーラム。

初めてマスターに出会ってから5年後。

僕は出会って2日目に書いたすべてのゴールを達成した。

この物語のバー「アンサー」は実在する。

あとがき

冒頭にも書きましたが、この物語はあなたの未来の物語です。

主人公の勇貴のモデルは、過去の僕であり、これからのあなたです。

あなたが勇貴になって、何度も読み返してもらいながら、マスターの教えを身につけてほしい。そんな思いから登場人物の言葉も、できるだけリアリティーのある日常会話に近づけて書きました。内容も言葉も、実際に僕の人生で起きたことや、それまでためた音声をつなぎ合わせながら書きました。

今回この本を書くことで、僕は初めてのチャレンジをしました。

それは僕の人生で実際に起きたこと、これからのあなたに起きるであろう未来を、設定だけ少し変えてみながら書くということでした。

僕自身の経験を元にしたものであるリアリティーと、物語ならではの設定の自由度を混合させて、このストーリーを完成させることができました。

ただし、このチャレンジの答えがどんなふうにかたちになるのかは、読んでくださったあなたのこれから次第。

つまりこの話が単なる空想で終わるのか、それとも現実になるのかを読者であるあなたに委《ゆだ》ねるという、未来実現型ストーリーです。

ですから、あなたがいつか「このモデルに会いたいな、この店に行ってみたいな」と思ったときにご紹介できるように、今回の登場人物であるマスターや亮、先代のマスターやマナ、美咲、そしてセンチュリー出版や講演講師育成のスポットライト、スナック「ドレミ」をはじめとする店や場所や会社はすべて、実在の存在をモデルにしました。

それが誰なのか、どこにあるのかをいまはまだ公開できませんが、あなたとお会いできたときに、こっそりとお伝えしますね。

スピリチュアルにはとんと疎《うと》い僕ですが、この執筆期間を終え、人の生み出す思考と言葉は、目に見えない何かへの注文なのかもしれない、と思うようになりました。

この本を書いていて、そう感じざるをえないような奇跡に遭遇したのです。

さきほどお伝えしたように、登場人物や場所はほとんどが実在します。

ただ1つだけ空想の場所がありました。

それが、バー「アンサー」の存在でした。

「いつかこんな店をつくりたいな」

そんなことを思いながら、東京の品川で原稿を書き上げたその日、僕にたくさんの出会いをつくってくれた縁結びの達人であり大恩人である方から、一本の電話がありました。


その日は原稿を14時までに出版社に入稿する日。つまり原稿の最終日だったので、その方とは14時半に会うことになりました。

締め切りを終えた30分後、久々の再会でその方が僕に言ってくれたこと、それが、

「永松さん、銀座でバーラウンジをやってくれる人がいないかな。いま探してるんだけど」

という言葉でした。写真を見せてもらうと、それはまさに僕たちがいつか、つくろうと思っていたバー「アンサー」そのものだったのです。原稿を書き上げたタイミングでこの話。久々

に鳥肌が立ちました。

そしてその方に案内されて、銀座のその店に入った瞬間、

「ようこそ、アンサーへ」

と呼ばれた気がしたのです。

この物語を書き上げた日までは、「アンサー」の所在地は、東京都港区にある高級住宅地の設定だったのですが、その店に入ってすぐ、僕の担当である、きずな出版の小寺副編集長に電話を入れて、アンサーの設定を銀座に変えていいかどうかを聞くと、小寺さんからこんな返答がありました。

「私の担当している著者さんの事務所はなぜか銀座が多いんです。読んでくださる全国の読者さんにとっても銀座を知らない人はいないと思いますので、設定変更は文句なしです。それでよろしくお願いします。それにしても永松先生、引き寄せましたね。さっき原稿を読み終えたところなので、笑っちゃいました」

こんな感じで、物語の中のアンサーの所在地を銀座に変更し、その日のうちに、そのバーラウンジを譲り受けることになったのです。

アンサーのイメージはこの物語の中に書き込んだので、読んだ僕の会社のスタッフたちは僕

が説明することもなく、本の内容に準じて淡々と準備を始め、夏が終わる頃には本格的に開店することになりました。

「こんなうまい話があっていいのか？」と言いたくなるような、奇跡のような引き寄せで、最後のページに、

「この物語のバー『アンサー』は実在する」

という一行を追加することができ、この物語は完全に「空想から実話」へと変身したのです。

ただ頭の中で空想するだけではなく、こうして文字で書いて言葉にすることによって、ウェイターが「ご注文承りました」と頼んだカレーライスを運んでくるように、目に見えない何かが、僕の前にアンサーの場所を運んできてくれたように思えてならない出来事でした。


この流れが偶然なのか必然なのかは、よくわかりません。

「ほんとかよ？　思考って本当に現実化するの？」

とあなたは思われるかもしれません。

そもそもこんなことを書いている僕自身も、ずっとそう思っていました。

しかし、思考を紙やパソコンなどに書き出すことによって、その力が加速することを伝えて

いるのは僕のような未熟な人間だけではありません。

おそらくあなたが名前を一度は聞いたことがあるであろう、成功哲学の大家たちも、ただ心で思うだけでなく紙に書き出すことをすすめています。

それだけ書いたものには力が宿るということなのでしょう。

どうせ書くだけタダなので、やらない手はありません。

マスターと勇貴のやり取りの中でもあったように、あなた自身の未来の物語をぜひ書いてみてください。書いた瞬間から何かが動き始めることに、あなたは気づくはずです。


本を書くという仕事、著者という役割をいただいて10年、これまでに20冊の本を書きましたが、毎回悩むことがあります。それは、

「どこまで本音を書けばいいのか」

ということ。

僕自身の本音をこの本で、マスターや亮の言葉に多々入れさせてもらいましたが、本当に大切なことは、読んでくださるあなた自身にとって、耳の痛いこともあるかもしれません。

過去、僕のマスターやメンターは僕に厳しい言葉をくれる方ばかりでした。

その瞬間は「なんでそんな意地悪なことを言うんですか？」と思うことがありましたが、あとになって、その言葉の意味がわかることがたくさんありました。

本は記録に残ります。読んでくださる読者さんから、ひょっとすると嫌われてしまうかもしれない。そんな思いが頭をよぎります。

しかし、そんな僕に、

「あなたが本当に大切だと思ってるのなら、自信を持って伝えなさい。自分の体裁《ていさい》よりも、読んでくれる人の未来の成功を考えなさい」

と言ってくれた人がいました。

それは「自分が永松茂久本の一番のファン」と自称していた、僕の母でした。

今回も、母のその言葉に自信をもらいながら原稿を書き上げることができました。

しかし残念ながら、その母は去る2016年5月23日、この原稿が本になる日を待たずに、ガンで逝ってしまいました。

この本で登場する指導者であるマスター、松本大輔は、僕の理想であり、そして実際に僕にいろんなことを教えてくれた人たちの言葉や教え、そしてあり方を盛り込んで完成したキャラクターなのですが、「顧客満足より顧客成功」という項目は、いまは亡き母の口癖を使ったものです。

これからも人財育成家のはしくれとして、この言葉を、ずっと大切にしていきたいと思います。

執筆というのは、書き上げる作業と削る作業の2つで構成されます。

「書いて削って、また書いて」と、毎度毎度その作業の繰り返しなのですが、今回の本は僕の執筆史上、削る部分がもっとも多い本でした。

初のストーリー本ということもあったのかもしれませんが、書きすぎました。

書くときより、削るときのほうが時間がかかりました。削った分量は、少し薄めの本がまるっと1冊つくれる分量です。

しかし、これは無駄だから削ったのではなく、できる限り読みやすく仕上げるために削ったもので、内容はとても伝えたい大切なことがたくさんあります。

ということで、ここまで読んでくださったあなたに感謝を込めて、その原稿の一部を公開し

ますので、本書の巻末に載せた「成功の条件幻章」をダウンロードして、ぜひ読んでみてください。

今回もたくさんの方のご協力のもと、この本が生まれました。

櫻井秀勲社長をはじめとするきずな出版の皆様、陽なた家出版スタジオの青木一弘くん、井上挙聡くん、今回の『成功の条件』の発刊のために永松茂久公式アプリをつくってくれた竹中昭宏さん、堤修二郎さん、成功の条件実践セミナーの組み立てをしてくれた新井健一さん、永松塾の塾生たち、知覧さくらまつりのみんな、そしていつも現場を支えてくれている僕の宝物である（株）人財育成ＪＡＰＡＮのスタッフたちへ。

みんなのおかげでこの本が誕生しました。本当にありがとうございました。

そしてこの本の完成を一番心待ちにしてくれていた母、永松たつみへ。

母さん、ちょっと間に合わなかったけど、おかげで無事にこの本が生まれたよ。

今回もいいアドバイスありがとう。俺、これからもずっと、一番応援してくれた母さんをがっかりさせないような本を書き続けていくから、天国からずっと見守っててね。

最後になりましたが、この本を通して出会ってくださったあなたに心から感謝します。
いつの日か、アンサー、もしくは成功の条件実践会で、お会いできることを楽しみにしています。

あなたの人生が輝かしいものになりますように。

２０１６年6月吉日　　　バー「アンサー」のカウンターにて

永松茂久

著者プロフィール

永松茂久（ながまつ・しげひさ）

株式会社人財育成JAPAN　代表取締役
大分県中津市生まれ。たこ焼き屋の行商から商売をはじめ、日商平均25万円を売るたこ焼き屋として、メディアで大反響になる。現在経営する中津市のダイニング「陽なた家」、居酒屋「夢天までとどけ」、福岡市中央区の居酒屋「大名陽なた家」、「陽なた家 茂虎」「博多屋台 幸龍」はいずれも口コミだけで全国から大勢の人が集まる大繁盛店になっている。「一流の人材を集めるのではなく、今いる人間を一流にする」というコンセプトのユニークな人財育成には定評があり、数多くの講演、セミナーを実施。「人の在り方」を伝えるニューリーダーとして多くの若者から圧倒的な支持を得ており、累積動員数は述べ30万人にのぼる。また、鹿児島県南九州市にある「知覧ホタル館」の特任館長も務め「知覧フォーユー研修さくら祭り」など、自身が提唱する「フォーユー精神」を培う研修を行っている。経営、講演だけではなく執筆、人財育成、出版スタジオ、イベント主催、映像編集、コンサルティングなど数々の事業展開をこなす、メイドイン九州の実業家である。
著書に『心の壁の壊し方』『男の条件』『人生に迷ったら知覧に行け』『一流になる男、その他大勢で終わる男』（きずな出版）、『感動の条件』（KKロングセラーズ）ほか、部数は累計で70万部を突破している。
http://nagamatsushigehisa.com/

成功の条件
――「人」と「お金」と「選択の自由」

2016年7月15日　第1刷発行

著　者　　永松茂久

発行人　　櫻井秀勲
発行所　　きずな出版
東京都新宿区白銀町1-13　〒162-0816
電話03-3260-0391　振替00160-2-633551
http://www.kizuna-pub.jp/

装幀・装画　井上挙聡
編集協力　陽なた家出版スタジオ
印刷・製本　モリモト印刷

ISBN978-4-907072-66-7

きずな出版

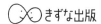